Hegel et le signe d'Abraham

La Philosophie en commun

Collection dirigée par Stéphane Douailler, Jacques Poulain, Patrice Vermeren

Nourrie trop exclusivement par la vie solitaire de la pensée, l'exercice de la réflexion a souvent voué les philosophes à un individualisme forcené, renforcé par le culte de l'écriture. Les querelles engendrées par l'adulation de l'originalité y ont trop aisément supplanté tout débat politique théorique.

Notre siècle a découvert l'enracinement de la pensée dans le langage. S'invalidait et tombait du même coup en désuétude cet étrange usage du jugement où le désir de tout soumettre à la critique du vrai y soustrayait royalement ses propres résultats. Condamnées également à l'éclatement, les diverses traditions philosophiques se voyaient contraintes de franchir les frontières de langue et de culture qui les enserraient encore. La crise des fondements scientifiques, la falsification des divers régimes politiques, la neutralisation des sciences humaines et l'explosion technologique ont fait apparaître de leur côté leurs faillites, induisant à reporter leurs espoirs sur la philosophie, autorisant à attendre du partage critique de la vérité jusqu'à la satisfaction des exigences sociales de justice et de liberté. Le débat critique se reconnaissait être une forme de vie.

Ce bouleversement en profondeur de la culture a ramené les philosophes à la pratique orale de l'argumentation, faisant surgir des institutions comme l'École de Korcula (Yougoslavie), le Collège de Philosophie (Paris) ou l'Institut de Philosophie (Madrid). L'objectif de cette collection est de rendre accessibles les fruits de ce partage en commun du jugement de vérité. Il est d'affronter et de surmonter ce qui, dans la crise de civilisation que nous vivons tous, dérive de la dénégation et du refoulement de ce partage du jugement.

Dernières parutions

Franck JEDRZEJEWSKI et Diogo SARDINHA (dir.), *La philosophie et l'archive*, 2017.
Ivan SCHULIAQUER, *Les médias et le pouvoir. Six intellectuels en quête de définitions. Vattimo-G.Canclini-Negri-Laclau-Boczkowski-Vommaro*, 2017.
Cyrille G.B. KONÉ, *Sur la maîtrise de la violence*, 2017
Serpil TUNÇ ÜTEBAY, *Justice en tant que loi, justice au-delà de la loi. Hobbes, Derrida et les* Critical Legal Studies, *2017.*

Eleonora Caramelli

Hegel et le signe d'Abraham

La confrontation avec la figure d'Israël (1798-1807)

L'Harmattan

Du même auteur

"Eredità del sensibile.
La proposizione speculativa nella *Fenomenologia dello spirito*
di Hegel", Il Mulino, Bologna, 2015.

"Lo spirito del ritorno.
Studi su concetto e rappresentazione in Hegel", "Il Melangolo",
Genova, 2016.

5-7, rue de l'Ecole-Polytechnique, 75005 Paris

http://www.editions-harmattan.fr

ISBN : 978-2-343-13975-3
EAN : 9782343139753

SOMMAIRE

Proposer une interprétation du rôle que revêt Israël dans la première phase de la pensée hégélienne, de l'*Esprit du christianisme et son destin* jusqu'à la *Phénoménologie de l'esprit,* c'est ce à quoi s'attèle cet essai et ceci en montrant de quelle manière la confrontation entre Hegel et Israël est à la base de la formation des concepts de réconciliation, pardon et expérience.

Et ce n'est certes pas un hasard si l'analyse du rapport entre Israël et Hegel, du moins de 1798 à 1807, permet de mettre en lumière la prise de position de ce dernier sur l'entendement et sur la pensée de Kant marquée par la légalité, ainsi que la façon dont il voit la différente approche de Paul et Jésus quant à la loi. Parler de « signe d'Abraham » permet de dégager une constellation problématique. Hegel développe en effet certaines des thématiques centrales de sa réflexion justement au contact d'Israël, ce qui témoigne bien que ce signe d'Abraham ne cesse d'interroger la pensée hégélienne dans son cœur génératif. Cette lutte avec Israël devient alors l'exemple du rapport entretenu par une pensée avec son fond théologique, fond qui peut être élaboré mais certainement pas effacé.

Rosenkranz dans sa *Vie de Hegel* affirme qu'Israël constitue, dans la philosophie hégélienne, une « obscure énigme », car « le point de vue de Hegel sur l'histoire juive a fortement varié à différentes époques. Elle l'a aussi violemment repoussé qu'elle l'a captivé et, sa vie durant, elle l'a torturé »[1]. Ainsi comme Emil Fackenheim, l'a remarqué il y a déjà longtemps[2], la dévalorisation apparente dont Israël fait l'objet dans l'écrit de jeunesse *L'esprit du christianisme et son destin*, œuvre

[1] K. Rosenkranz, *Vie de Hegel* (1844), trad. fr. P. Osmo, Gallimard, Paris 2004, p. 156.

[2] E. Fackenheim, *The Religious Dimension in Hegel's Thought*, Indiana University Press, Bloomington 1967, p. 157 sq.

posthume publiée par Nohl en 1905, semble être partialement rectifiée dans les œuvres postérieures du philosophe, et ce notamment dans les leçons sur la philosophie de la religion[3].

L'énigme dont parla en premier Rosenkranz, devient encore plus profonde à la lueur des plus récents résultats de la recherche. Toutefois contrairement à d'autres thèmes de la philosophie hégélienne sur lesquels les contributions critiques ne manquent pas, le statut problématique d'Israël ne semble pas avoir attiré suffisamment l'attention des exégètes, si l'on excepte les analyses traitant d'Israël dans le contexte plus général de la religion chez Hegel[4]. Ce qui semble faire défaut, pour être plus précis, c'est d'une étude qui mette en relief le rôle parfois paradigmatique, voire spéculatif qu'Israël assume chez Hegel.

Dans les lignes qui suivront, nous nous sommes concentrés sur la période de la pensée hégélienne qui va de 1798-1799 à 1807 même si nous ne nous interdisons pas de faire parfois référence à des œuvres de la maturité du philosophe, comme l'*Encyclopédie* ou les *Leçons sur la philosophie de la religion*. Ce choix relève principalement de deux motivations. Premièrement, comme Andreas Arndt l'a suggéré[5], une recherche qui vise à thématiser les enjeux philosophiques posés par la confrontation entre Hegel et Israël doit partir de son

[3] Les exigences philologiques renouvelées de l'édition critique (1980-1983) de Walter Jaeschke mettent en lumière, en se basant sur un travail scrupuleux sur les témoignages écrits des élèves (*Nachschriften* et *Mitschriften*), la physionomie et le déroulement des différents cours, qui aujourd'hui sont présentés l'un après l'autre, en trois versions différentes en plus du manuscrit hégélien sur le cours de 1821. En effet, dans ce contexte, la collocation et le rôle d'Israël dans la partie consacrée aux religions déterminées sont sujets, à maintes reprises, à des oscillations et des changements parfois radicaux.

[4] On se réfère en premier lieu à l'étude de W. Jaeschke, *Die Vernunft in der Religion. Studien zur Grundlegung der Religionsphilosophie Hegels*, Frommann-Holzboog, Stuttgart-Bad Cannstatt 1986, qui avance aussi l'hypothèse que la première figure de la religion naturelle dans la *Phénoménologie de l'esprit* est justement Israël, et à celle de P.C. Hodgson, *Hegel and Christian Theology*, Oxford University Press, Oxford-New York 2005.

[5] A. Arndt, *Wandlungen in Hegels Bild des Judentums*, in *Christentum und Judentum : Akten des internationalen Kongresses der Schleiermacher-Gesellschaft in Halle, März 2009*, éd. R. Bart, U. Bart et K.D. Osthovener, De Gruyter, Berlin-Boston 2012, p. 417-419.

origine, à savoir de *L'Esprit du christianisme et son destin* ; deuxièmement, mises à part quelques remarques de Walter Jaeschke qui n'ont pas trouvé d'écho, le thème de la présence d'Israël dans la *Phénoménologie de l'esprit* semble avoir été ignoré par la littérature critique. La remarque plutôt lucide de Henry Silton Harris, selon laquelle un Dieu qui se retire dans la solitude et ne se manifeste que dans la voix ne pourrait pas trouver place dans une *phénoménologie* de l'esprit[6], ne devrait pas cependant nous faire abandonner notre tentative de valorisation de la seule mention explicite d'Israël dans l'œuvre de 1807. Cela vaut à plus forte raison si l'on envisage que Henry Silton Harris lui-même, dans un autre contexte, était revenu sur ce thème en aboutissant à une conclusion très différente, qui soulignait le rôle joué par Israël dans le chapitre de la *Phénoménologie*[7] consacré à la religion.

Face aux interprétations, pour ainsi dire, continuistes du rapport entre Hegel et Israël, nous voudrions ici montrer que d'un point de vue philologique le changement d'évaluation à propos d'Israël se vérifie déjà durant la période qui va de l'*Esprit du christianisme* à la *Phénoménologie de l'esprit*, ce qui est l'une des raisons pour laquelle notre recherche se limite à une chronologie restreinte, apparemment trop brève pour fournir des clefs de lecture du problème. À la différence de l'étude de Arndt, qui pose toutefois des bases intéressantes, nous laisserons délibérément de côté la question, par ailleurs importante dans d'autres contextes, de l'antijudaïsme, voire de l'antisémitisme présumé de Hegel[8]. En suivant une perspective déjà présente dans la littérature sur le thème[9], notre objectif sera

---

[6] H.S. Harris, *Hegel's Ladder*, Hackett Publishing, Indianapolis-Cambridge 1997, p. 551-554.

[7] Cfr. H.S. Harris, *Hegel's Phenomenology of Religion*, in *Thought and Faith in the Philosophy of Hegel*, éd. J. Walker, Dordrecht, Kluwer 1991, p. 88-95, où l'auteur met en lumière la présence d'Israël dans le premier moment de religion naturelle de la *Phénoménologie* à partir du parallélisme avec la collocation de la religion juive dans le cours hégélien de philosophie de la religion de 1830.

[8] Il s'agit d'une question sur laquelle est revenue récemment D. Di Cesare, *Heidegger e gli ebrei*, Bollati Boringhieri, Torino 2014, p. 48-60.

[9] Cf. O. Pöggeler, *Hegel's Interpretation of Judaism*, « Human Context », 6 (1974), p. 523-560, et E. Fackenheim, *Hegel and Judaism : a Flaw in the*

plutôt d'identifier l'arrière-fond philosophique expliquant de quelle manière la référence de Hegel à Israël, qui n'est pas massive d'un point de vue quantitatif, est néanmoins constante et ubiquitaire. Pour rendre compte des oscillations successives de Hegel à ce sujet, il est nécessaire de reconstruire les éléments de la constellation philosophique en vertu de laquelle Israël acquiert un caractère paradigmatique. De plus, l'origine de ces oscillations, dont les nuances sont toutefois multiples, prend forme durant la période 1798-1799/1807, raison de plus pour limiter notre analyse aux textes rédigés par Hegel à cette époque.

Plus spécifiquement nous visons à démontrer qu'une première réévaluation radicale se trouve déjà dans la *Phénoménologie*. Se concentrer sur la période 1798-1807 signifie donc insister sur l'ambivalence de Hegel dans son rapport à Israël et sur la précocité de cette ambivalence.

Se pose alors une deuxième question plus générale qui nous accompagnera tout au long de ce travail, et qui consistera à repérer et identifier la constellation philosophique sur laquelle se base la résistance et la survivance de cette confrontation tout au long du parcours philosophique hégélien : Israël, comme l'a souligné Kurt Appel, devient une « figure de la pensée »[10]. Cette fonction ne nous étonnera guère si l'on considère, comme Appel l'ajoute, que l'une des caractéristiques de la pensée hégélienne est justement sa « Gestalthaftigkeit ». Il est en revanche plus surprenant de constater qu'il s'agit d'une figure de la pensée grâce à laquelle Hegel élabore de manière spéculative des questions centrales de sa pensée. C'est pour cette raison que la première partie est consacrée au thème de la loi et la seconde à celui du langage. Dans les deux cas et selon l'endroit textuel analysé, qu'Israël soit envisagé en tant qu'antithèse idéale ou en tant que véritable *exemplum* à suivre, il est l'interlocuteur indispensable d'une pensée qui vise à la réconciliation, thème décisif de la philosophie hégélienne. De

---

Hegelian Mediation, in *The Legacy of Hegel*, éd. J.J. O'Mallery, K.W. Algozin, H.P. Kainz et L.C. Rice, M. Nijhoff, The Hague 1973, p. 161-185.

[10] K. Appel, *Entsprechung im Wider-Spruch. Eine Auseinandersetzung mit dem Offenbarungsbegriff der politischen Theologie des jungen Hegel*, Lit Verlag, Wien 2003, p. 19-20.

ce fait, la troisième partie, consacrée au rôle du jugement dans la moralité et à la signification du pardon, met de côté le problème d'Israël afin de montrer à quel point le thème du pardon est la réponse hégélienne par excellence, aboutissement d'une réflexion dans laquelle le moment de confrontation à l'expérience juive est incontournable. Partant de cette constatation, véritable fil rouge de cette monographie, nous affirmerons que la dimension spéculative entretient un dialogue constant avec la dimension théologique. Nous essaierons de démontrer tout au long de cette analyse que, dans ce contexte, la pensée doit valoriser ce qui n'est pas immédiatement pensée mais qui lui permet toutefois de devenir consciente d'elle-même et de sa propre provenance, de sa propre genèse.

Dans la première partie (*Devant la loi*) on essaiera de montrer, en se basant sur certains passages de *L'esprit du christianisme* et de la *Differenzschrift*, que le thème de la loi, dont la loi vétérotestamentaire est une déclinaison, est la clé de lecture en vertu de laquelle Hegel analyse le problème de la légalité chez Kant, où cette dernière est associée à la légalité de la pensée posée par l'entendement. Tout comme Israël fait l'objet, chez Hegel, d'une évaluation ambiguë, l'entendement a une fonction positive s'il est relativisé, et une fonction négative s'il est absolutisé, même si la tendance à l'absolutisation appartient à l'entendement lui-même. La figure de la pensée recélée en Israël, c'est-à-dire le signe d'Abraham, se place donc sous le signe de l'entendement, qui est par ailleurs, selon la *Differenzschrift*, le dispositif pouvant libérer de la loi. Dans les deux cas, il s'agit de faire de la loi ainsi que de l'entendement qui l'établit, un moment, ou plus précisément le premier moment, grâce auquel la pensée fait l'expérience d'elle-même. Une pensée qui vise à la réconciliation ne peut pas s'opposer de manière unilatérale à la loi et à l'entendement qui la régit, au risque de retomber dans la division que la loi elle-même produit et qu'il faut contourner.

En deuxième lieu, l'autre référence implicite est Paul dont l'absence sinon dans le corpus hégélien serait surprenante. Paul, même s'il n'est pas cité explicitement, ne peut pas ne pas être une référence implicite de l'argumentation. Comme les réflexions de Karl Barth et de Hans Jonas au sujet de l'Epître aux Romains, sur lesquelles nous nous pencherons dans cet ouvrage, le montrent fort bien, Paul lorsqu'il se rapporte à la loi, semble jouer à la fois le rôle du juge, de l'accusé et du témoin. Il risque ainsi, enfermé dans sa solitude d'être le plus pharisien des pharisiens, ce qui l'amène à se confier intégralement à la grâce. Face à l'option paulinienne, Hegel met en valeur la position de Jésus et son interprétation du jugement comme pouvoir de lier et de délier. Jésus profite du pouvoir de séparer propre au jugement (*Urteil*) pour associer la pensée et l'expérience en la séparant de la légalité. Derrière les questions théologiques se fait jour dès lors dans *L'esprit du christianisme* une réflexion de la pensée sur son propre statut. Pour ne pas céder à la tentation pharisienne de l'autonomie, la pensée doit tirer sa force de sa dette envers l'expérience ou ce qui revient au même envers la représentation religieuse.

Dans la deuxième partie (*Le jugement*), nous chercherons de démontrer que la confrontation entre le langage de l'Ancien et du Nouveau Testament est le lieu de naissance de la réflexion hégélienne autour du rôle spéculatif de la parole. Encore une fois la centralité de la confrontation à Israël s'impose au sein du cadre dans lequel Hegel élabore l'un des thèmes principaux de sa production philosophique : le langage. Il n'est pas possible, dans cette étude, d'épuiser le thème du point de vue historique et philosophique ; ce qui nous intéresse ici n'est pas de produire une analyse systématique mais, plutôt, de mettre en lumière les sources grâce auxquelles Hegel lit et transpose le problème du langage vétérotestamentaire. On remarquera en particulier que ces sources principales, bien que médiatisées d'un côté par Hamann et de l'autre par Herder, sont Luther et Robert Lowth.

Il s'agit d'expliquer en quoi la langue de l'Ancien Testament, qui se base sur le critère du *Wechselstil*, est une langue dure par rapport à celle du Nouveau Testament. Le thème du jugement doit être pris en considération dans la mesure où il se place entre le côté juridico-théologique et celui gnoséologico-philosophique. La langue de l'Ancien Testament selon Hegel est marquée par un mouvement unidirectionnel vers l'universel abstrait qui ne réussirait pas à retranscrire l'aspect sensible du *logos*. Hegel reformule par conséquent *in philosophicis* le début de l'Evangile de Jean pour souligner à quel point le *logos* doit en revanche s'ouvrir à la dimension du sensible. Remarquons bien que dans ce contexte Israël, qui fait office de terme contrastif, joue un rôle déterminant dans la formation de la pensée hégélienne, ce qui est vrai à plus forte raison si l'on émet l'hypothèse que la genèse de la réflexion hégélienne autour du langage se situe justement dans la confrontation entre la langue de l'Ancien et celle du Nouveau Testament développée dans l'écrit de 1798-1799.

Dans les derniers paragraphes de la deuxième partie nous relierons le thème du jugement à celui de la loi et ceci par le biais de l'analyse du rôle du jugement infini. Analyse que l'on retrouve dans le cinquième chapitre de la *Phénoménologie* consacré à la raison, plus précisément dans la section qui traite des pseudosciences, phrénologie et physiognomonie lesquelles recherchent la (pseudo)loi qui régirait le rapport entre le for intérieur (l'intention) et le for extérieur (l'action effective). Notre travail voudrait montrer en premier lieu que le jugement infini, qui fait l'objet du tournant spéculatif de la section, relève du *topos* théologique de la posture de Jésus envers la loi. Comme justement la figure d'Israël est mentionnée par Hegel dans ce tournant spéculatif de la *Phénoménologie* en tant qu'expérience exemplaire, il s'agit ensuite de souligner qu'elle devient par conséquent l'*exemplum* du lien entre la pensée et l'expérience.

Dans ce passage textuel Hegel semble attribuer à Israël une position antithétique par rapport à celle qu'il lui avait assignée dans *L'esprit du christianisme* : Israël semble revêtir un caractère paradigmatique.

Dans l'écrit de 1798-1799, Israël se place sous le signe de Kant et de sa conception de l'entendement, dont la prétention à l'autonomie est constitutive et dont le comportement est décrit dans la *Differenzschrift* par des mots et des verbes qui renvoient aux termes avec lesquels Jésus qualifie les pharisiens dans Mt 23, 27. Dans la *Phénoménologie,* Israël incarne une tendance opposée à la précédente. Tandis que Kant, pour dépasser l'opposition entre l'individu et la loi, replace cette dernière à l'intérieur de l'individu, et ceci afin de fonder l'autonomie de l'individu (pour Hegel au contraire ce mouvement fonde sa servitude, état qui caractérise Israël dans *L'esprit du christianisme*), l'expérience juive, dans le cinquième chapitre de la *Phénoménologie*, représente l'expérience concrète de la loi en tant qu'aliénation, en tant que véritable expropriation. Si l'on est disposé à réfléchir à ce propos, on peut voir qu'il n'y a pas de thématique plus kantienne que celle-ci, et pourtant Hegel semble, au point où nous en sommes, utiliser Israël avec Kant mais contre Kant lui-même.

C'est en effet cette expropriation qui confirme la vérité du dernier vers d'une poésie de Goethe (*Und das Gesetz nur kann uns Freiheit geben*), dont Hegel cite la première strophe dans le *Zusatz* au paragraphe 80 de l'*Encyclopédie*, où il traite du caractère ambigu de l'entendement et de sa légalité. Selon Goethe, lu par Hegel, seule la loi libère de la loi. Mais qu'est-ce que cela veut dire, du point de vue de Hegel ? Selon une suggestion que nous développerons dans la deuxième partie de l'ouvrage, cela signifie qu'Israël se trouve devant la porte du salut (évocation de la « porte étroite » de Mt 7, 12-14) car à cause de son rapport aliénant avec la loi, il fait l'expérience d'une différence réelle. L'expérience de cette différence est paradigmatique puisqu'il s'agit d'une différence que la pensée peut *penser* mais ne peut pas *créer*. Il s'agit, en d'autres termes, de la différence entre la pensée et l'expérience. Tant que la pensée se croit autonome – selon une illusion d'optique qui appartient à l'entendement et, toujours selon Hegel, caractérisant également le pharisaïsme – elle est en réalité hétéronome. C'est seulement en reconnaissant sa dette à l'égard de l'expérience et le besoin qu'elle en a, que la pensée révoque la tentation de l'autonomie, sans pour autant retomber dans l'hétéronomie.

La troisième partie (*Le pardon*) analyse la section du chapitre six de la *Phénoménologie* qui aboutit au pardon. La critique explicite de Kant et celle implicite de Paul sont envisagées par rapport à la figure du *Gewissen*, la bonne conscience renfermée sur sa solitude dont le comportement reste monologique. Elle puise la certitude de son autonomie sur une conviction pré-discursive et donc muette (*Meinung*) qui fait l'objet d'un véritable *sensus privatus*.

La *Meinung* de l'autonomie est renversée par la dialectique du jugement, où la parole joue encore une fois un rôle foncier et émancipateur. À partir du moment où le jugement encourage la conscience à avouer sa propre faute, alors que la confession est en soi un institut qui implique la dualité, la parole rompt le sortilège, le piège de l'autonomie. C'est toutefois le pardon qui représente à la fois l'antidote et la conversion irréversible de la *Meinung* qui risque d'aveugler l'œil de la pensée lorsqu'il regarde vers soi-même. Personne, en effet, ne peut se pardonner tout seul et personne ne peut se pardonner à soi-même : le pardon est un acte tout à fait gratuit et dès lors non déductible.

Face à l'absoluité contradictoire de la *Meinung* qui se condamne, seule, aux inconséquences d'une autonomie qui est forcément aveugle envers elle-même, l'esprit descendant parmi les consciences qui se pardonnent est absolu car il s'est chargé de toutes les conditions qui lui permettent d'être relatif, c'est-à-dire en relation avec le *plus* que seule l'expérience peut introduire. En cela, l'esprit absolu est aussi un esprit de la relation.

Après avoir esquissé ce que le lecteur peut trouver dans ce livre, disons-lui aussi ce qu'il *ne va pas trouver* dans ce texte.

Mon étude ne prétend pas tarir son sujet d'un point de vue philologique. Tout au contraire, car, étant donné que d'un point de vue philologique, le premier but du livre est de rendre compte de l'importance de la confrontation entre Hegel et Israël, nous nous sommes concentrés, avec une intention clairement philosophique, sur la reconstruction de l'ensemble des thèmes au sein duquel cette confrontation acquiert un sens. De ce fait, il me semble légitime de me limiter, du moins principalement, à la période 1798-1807, car au niveau historico-philosophique, sur le thème « Hegel et Israël », ce qui nous intéresse davantage est de dégager un problème significatif. Le lecteur, par conséquent, ne trouvera pas d'analyse systématique des références à Israël que l'on peut trouver chez Hegel, depuis ses écrits de jeunesse jusqu'aux leçons de la maturité berlinoise.

Ensuite, nous l'affirmons clairement le problème du rapport entre la pensée philosophique et sa toile de fond théologique demeurera dans le fond. On aurait peut-être pu affronter le problème de front, mais notre choix relève d'une conviction méthodologique. Sous peine de risquer de diluer la consistance du problème dans des analyses génériques, il vaut mieux développer la façon concrète dont, au cas par cas, le spéculatif s'occupe de traduire *in philosophicis* un contexte théologique auquel il est légitime d'imaginer que Hegel n'a jamais cessé de se confronter.

En ce qui concerne le troisième et plus vaste thème, à savoir celui de l'autonomie de la pensée, cette étude présente une réflexion se basant sur une sélection de passages textuels qui pourrait risquer de sembler arbitraire. Mais c'est le risque auquel s'expose tout à chacun lorsqu'il opère une sélection où est privilégiée une perspective philosophiquement orientée visant à exprimer une thèse, et dont l'évaluation de l'efficacité herméneutique par rapport aux textes hégéliens est dès lors confiée au lecteur.

Ce choix se justifie plutôt de façon subjective et relative, car il s'inscrit avec cohérence dans le champ d'exploration de mes précédentes recherches. Après avoir consacré une monographie au rôle de la proposition spéculative dans la *Phénoménologie de l'esprit* – où j'avais remarqué que le lieu de naissance de ce thème reposait justement dans la confrontation entre le langage de Ancien et celui du Nouveau Testament que l'on trouve dans *L'esprit du christianisme* – et un autre volume au problème du rapport entre représentation et concept dans la pensée hégélienne – qui veut aussi dire entre religion et philosophie –, j'avais besoin d'affronter à nouveau le thème d'Israël pour lier le thème du langage, et plus en particulier du jugement, à celui de la loi pour atteindre une perspective moins partiale du problème. Cette ultérieure étape vise donc à expliquer de quelle manière le thème d'Israël concerne l'instance centrale, chez Hegel, de la solidarité entre la pensée et l'expérience, solidarité qui rend possible la réconciliation.

Remerciements

Je désire ici remercier tout d'abord le *Deutscher akademischer Austauschdienst* (D.A.A.D.), qui m'a offert une bourse de recherche post-doctorale sur ce thème pendant laquelle j'ai séjourné à la Freie Universität de Berlin grâce à l'accueil du professeur Georg Bertram, que je remercie au même titre. En deuxième lieu, j'ai mûri une partie des réflexions qui ont fait naître cet ouvrage grâce à un séjour d'un trimestre (2016/2017), financé par une bourse *Marco Polo* octroyée par l'Université de Bologne, auprès du *Zentrum für Literatur- und Kulturforschung* de Berlin, où j'ai pu me confronter avec des chercheurs de diverses formations, en particulier avec le professeur Daniel Weidner, qui m'a généreusement accueillie.
Ce livre en outre n'aurait pas vu le jour sans ma période de formation postdoctorale (2015/2016) à l'Institut catholique de Toulouse et l'encouragement des chercheurs de la faculté de philosophie de l'Institut, en particulier du professeur Andrea Bellantone et du professeur Philippe Soual. Lors de cette période, j'ai également pu soumettre ce travail à l'attention du professeur Emmanuel Cattin, de l'Université Paris-Sorbonne, que je remercie pour sa disponibilité au dialogue.
Je voudrais aussi exprimer ma sincère gratitude au professeur Federico Vercellone, de l'Université de Turin, qui m'a aidée à m'orienter dans mon parcours de recherche postdoctorale, et à Mme le professeur Annamaria Contini, de l'Université de Modène et Reggio Emilia, qui depuis longtemps suit avec confiance mes recherches et s'est généreusement prodiguée dans leur promotion.

1. *Israël et la loi dans* L'esprit du christianisme et son destin

Comme le montre le fragment hégélien de 1797, intitulé *Moralité, amour, religion* par Nohl, à l'époque de la rédaction de *L'esprit du christianisme et son destin*, Hegel se consacre principalement à la recherche d'une possibilité de dépassement de la scission qui permette de révoquer la relation de domination d'une partie sur l'autre.

C'est dans ce contexte que la réflexion autour d'Israël et de la loi de l'Ancien Testament semble constituer, du moins de prime abord, le paradigme de la relation de domination face à laquelle l'esprit de l'amour, incarné selon Hegel par le Nouveau Testament, serait une alternative et donc un véritable dépassement. Dans cette dimension, apparemment antithétique à la première, Hegel conçoit en effet la structure conceptuelle décisive de l'écrit de 1798-1799, soit l'idée de destin que l'on analysera dans un second temps.

Avant d'entrer dans le vif de notre analyse, une remarque préalable est néanmoins nécessaire.

Dès cette première considération introductive, partagée par ailleurs par la plupart de la littérature critique, nous nous trouvons face au risque que comporte la position hégélienne. Si la constellation de l'amour et du Nouveau Testament était, en général, une simple et véritable alternative à l'esprit de l'Ancienne Alliance, la réconciliation ne tendrait-elle pas à reproduire la séparation ? En d'autres termes, ce même dépassement de la séparation instituée par la loi mosaïque finirait par aboutir à une aporie, puisqu'il rétablirait, malgré lui, la scission qu'il voulait pourtant annuler. Dans la plupart des cas, on tend en effet à réduire la position de Hegel envers Israël à une sorte de marcionisme, qui voudrait séparer *in toto* le Nouveau Testament de l'Ancien. Il faut cependant prendre en compte que l'amour n'est pas l'opposé de la loi, mais plutôt, comme le souligne Hegel à maintes reprises, son *pleroma*[11].

De ce fait, on doit tout d'abord rappeler que, selon Hegel, le but de l'esprit du christianisme n'est pas l'effacement de la loi. Il s'agit, plutôt, de soustraire à la loi sa *forme* légale.

> Cet esprit de Jésus élevé au-dessus de la moralité se montre immédiatement tourné contre les lois dans le sermon sur la montagne, qui est une tentative menée sur plusieurs exemples de lois d'ôter aux lois le légal, la forme des lois, en ne prêchant pas le respect pour celles-ci [*W* I, p. 324 ; *Esprit*, p. 127].

Avant d'analyser les problèmes causés par cette position et les sources qui influencent l'interprétation hégélienne de l'Ancien Testament, il est nécessaire de présenter les thématiques principales du texte de 1798-1799 pour démontrer que la confrontation à la loi acquiert une centralité philosophique significative.

On a déjà dit que, pour Hegel, l'amour doit être le *pleroma* de la loi et l'esprit de celui-ci, une configuration en vertu de laquelle on peut exercer le pouvoir de réconciliation d'une pensée qui déploie son caractère dialectique. Mais comment une pensée dialectique peut-elle s'éloigner du légalisme et aboutir à la réconciliation sans pourtant retomber dans la séparation que la loi produit sans cesse ? Il semble que la pensée dialectique ne dispose que d'une possibilité, celle de se confronter à la légalité pour reconnaître en elle l'expression immédiate de la pensée en tant que telle. Le problème de la loi semble donc soulever celui de la légalité de la pensée. La confrontation à la loi pourrait être par conséquent l'intérêt premier de toute pensée.

Si cela est juste, il est aussi vrai que la pensée risque toujours de réduire son propre statut sur la base de celui de l'universalité de la loi, dont la limite principale est l'incapacité d'assumer (et de comprendre) tout ce qui est particulier et individuel. La loi sépare donc l'universalité de la singularité. La seule manière de se soustraire à la logique non conciliée et non

---

[11] Cf. à ce propos, W. Hamacher, *Pleroma*, in G.W.F. Hegel, *Der Geist des Christentums. Schriften 1796-1800*, Ullstein, Frankfurt a.M.-Berlin-Wien 1978, p. 7-333, p. 144-150 sq.

conciliable de la loi, qui jusqu'à un certain point coïncide avec la loi de la pensée *qua talis*, c'est de produire un jugement qui soit en mesure de désamorcer de l'intérieur la logique apparemment inéluctable de la loi elle-même.

Dès le début de *l'Esprit du christianisme*, Hegel place l'histoire d'Israël sous le signe d'Abraham. Les vicissitudes du peuple juif se déroulent en effet sous le signe du *genius* d'Abraham, qui ne voit pas de terme moyen entre agression et soumission. Ce qui apparaît immédiatement évident, mais que Hegel ne dévoilera qu'ultérieurement, est le fait qu'Abraham, dont l'esprit est la source de laquelle le peuple juif puise sa force, est quelqu'un qui doit faire face à une perte, ou plus précisément à une séparation. L'agression et la soumission ne sont-elles pas des formes de réaction à une forme de scission, quelle qu'elle soit ? Bien que de manières différentes, les deux visent en fait à rétablir l'unité perdue par l'unification violente des deux parties distinguées. Dans une telle situation, il n'y a que deux possibilités. Une partie peut annexer l'autre ou bien se renier elle-même pour s'en remettre à l'autre. Dans les deux cas, il s'agit d'une unification qui finit par réduire la relation entre les parties à une forme de domination de l'une sur l'autre.

Hegel ne précisant pas le type de scission, il faudra nous limiter à affirmer que le signe d'Abraham renvoie à la perte de l'unité originaire, perte qui représente d'ailleurs la spécificité de l'esprit juif.

De quelle façon le judaïsme a-t-il produit de l'unification ? Pour le comprendre il faut se pencher sur le passage dans lequel Hegel regarde en arrière, en direction de Noé. Dans ce cas, la scission de l'unité se manifeste en tant que scission entre l'homme et la nature qui soudainement se révèle sauvage et ennemie. Noé, pour rétablir l'unité, veut donc dominer la nature devenue radicalement inhospitalière. Au lieu d'insister sur l'épisode du patriarche relaté dans les chapitres 6 et 7 de la Genèse, Hegel semble s'éloigner du récit vétérotestamentaire. Pour lui, la domination sur la nature instituée par Noé relève de l'extraordinaire puissance de la pensée.

Et comme le Tout ne peut être divisé qu'en idée et réalité, l'unité supérieure de la domination se trouve soit dans un pensé, soit dans un réel. Noé reconstruisit le monde déchiré dans le premier ; il fit de son idéal pensé un étant et lui opposa alors toute chose comme quelque chose de pensé, c'est-à-dire de dominé [*W* I, p. 275 ; *Esprit*, p. 64-65].

Dès le début, le pouvoir de la pensée consiste à unifier la séparation à partir de la domination. Il s'agit d'une référence cachée à la *Gesetzmäßigkeit* qui, pour Kant, représente le principe *a priori* de l'entendement. La domination sur la nature est en effet devenue une domination légale, « gesetzmäßige Herrschaft » [*W* I, p. 275].

D'une part, on peut remarquer que l'exigence de penser les termes de l'opposition afin de sortir d'une relation de domination représente l'un des thèmes principaux auxquels Hegel se consacre à l'époque de l'*Esprit du christianisme.* D'autre part, il est utile de rappeler que le terme de *Gesetzmäßigkeit*, déjà rarement présent dans l'œuvre hégélienne, n'est cité d'habitude qu'en relation à la troisième critique. Dans sa connexion avec le problème de la domination, le fait que le thème de la légalité soit rattaché, dans l'*Esprit du christianisme,* à l'un des principes fonciers de la *Critique de la raison pure* suggère donc, dans ce contexte spécifique, une critique de Kant d'un point de vue relativement inédit par rapport aux autres endroits textuels où Hegel traite notamment du criticisme.

Nous analyserons cet aspect plus en détail plus tard, mais soulignons d'ores et déjà que le mélange surprenant entre une problématique tout à fait philosophique et son arrière-fond théologique pousse Hegel à développer une perspective nouvelle.

Le début énigmatique de *L'esprit du christianisme* fait d'un épisode de l'Ancien Testament le récit de la genèse de la pensée.

Dans ce cadre, un des problèmes de l'unification en tant que domination est que le pouvoir de la pensée est un pouvoir dérivé, qui tire sa force d'un autre principe, c'est-à-dire de la loi. L'unification produite par la pensée est non seulement la domination d'une partie sur l'autre, mais aussi l'égale soumission de toutes les deux à l'universalité abstraite de la loi.

Si une telle opération représente *volens nolens* l'esprit d'Israël, ce n'est pas un hasard que, comme le souligne Hegel, Abraham est par conséquent quelqu'un d'indépendant qui errait dans les plaines mésopotamiennes « ganz selbstständiger und unhabhängiger » [*W* I, p. 277]. Une telle autonomisation de la pensée ne permet plus de ressentir le besoin d'amour, c'est-à-dire d'une relation quelle qu'elle soit. « Abraham ne voulait pas aimer et, de cette façon, être libre » [*W* I, p. 275 ; *Esprit*, p. 72].

Cette autonomie est cependant équivoque. Elle ne peut se maintenir que dans l'opposition envers tout ce qui est relatif. La domination de la pensée, qui est l'unification de tout dans la soumission de tout à la loi, est une autonomie qui ne peut que se conserver dans l'opposition, une opposition ubiquitaire et totale, soit l'opposition envers tout.

Une fois que le pensé est élevé au rang d'unité dominante sur la nature infinie et hostile, « toute forme de relation devient une forme d'opposition, qui reproduit sans cesse la logique de domination » [*W* I, p. 282 ; *Esprit*, p. 77]. L'autonomie de la pensée est en même temps l'expression de son isolement. La domination de ce qui est idéel ne relève que de sa solitude intégrale.

Toujours sous le signe d'Abraham, Moïse, le libérateur de son peuple, est aussi « son législateur (*Gesetzgeber*) » [*W* I, p. 282 ; *Esprit*, p. 77], ce qui signifie que l'affranchissement d'un joug est, en même temps, l'assujettissement à un autre. L'unification de la séparation par la domination de la pensée, en tant que déclinaison de la loi, la transforme en une « séparation infinie (*unendliche Trennung*) » [*W* I, p. 283 ; *Esprit*, p. 78].

Puisque le domaine de la vérité, comme le souligne Hegel, dispose d'une liberté que nous ne sommes pas en mesure de dominer et qui, à son tour, ne peut pas nous dominer, le joug de la loi implique l'abandon de la liberté en tant que liberté de la vérité.

L'indépendance se transforme donc de nouveau en autonomie, c'est-à-dire en une dépendance vis-à-vis d'une loi que l'homme se donne à lui-même.

Cette démarche ambiguë se base sur un autre présupposé dont la pensée n'est pas consciente. Pour retourner à l'interprétation hégélienne de l'épisode de Noé, qui représente le baptême du pouvoir de la pensée, Hegel souligne que « comme le Tout ne peut être divisé qu'en idée et réalité, l'unité supérieure de la domination se trouve soit dans un pensé, soit dans un réel. Noé reconstruisit le monde déchiré dans ce premier » [*W* I, p. 275 ; *Esprit*, p. 64-65].

Si l'unification produite n'est qu'une unification pensée, cela signifie que la véritable racine de la *unendliche Trennung,* dont on a parlé, est la séparation entre pensée et réalité. Dès lors, la démarche de l'impératif catégorique kantien se place aussi sous le signe d'Abraham, parce qu'elle impose au réel l'ordre du concept qui est étranger au réel. Au lieu de rendre compte de la liaison intime entre l'un et l'autre, Kant se limite à appliquer au réel l'universalité de la loi, ce à quoi on ne peut qu'obéir. « C'est sur cette confusion entre le commandement du devoir, qui consiste en l'opposition du concept et du réel, et la manière tout à fait simpliste d'exprimer le vivant, que s'appuie sa réduction profonde de ce qu'il appelle un commandement [...] à son commandement du devoir » [*W* I, p. 323-324 ; *Esprit*, p. 128].

Le dispositif de la loi montre toute son incapacité à produire une vraie unification en tant qu'institution juridique. Hegel se plonge dans cette réflexion dans la troisième partie du texte, après avoir analysé la position d'Israël dans la première partie et la morale de Jésus et l'amour dans la deuxième. Alors que la loi semble se soustraire à toute dialectique quelle qu'elle soit, la réconciliation n'est possible que lorsque la punition est conçue en tant que destin, une idée qui deviendra une structure conceptuelle décisive de ce texte hégélien. Il s'agit de la première constellation conceptuelle où l'on trouve la racine de la dialectique. La punition légale, même si elle détruit le coupable, le criminel, supprime la contradiction entre l'être et le devoir-être sans éliminer le fait que tout ce qui s'est passé s'est réellement passé, et s'est passé pour toujours. Puisque le crime demeure une sorte de trou dans le tissu du réel, ce que le bras armé de la loi rétablit avec la punition du criminel n'est que la sanction de l'abîme qui sépare la loi des actions individuelles que la loi n'est pas en mesure de comprendre.

L'extraordinaire résistance de la loi est illustrée par le fait que l'enfreindre ne fait pas disparaître la légalité, en effet la loi devient, dans ce cas, « loi pénale ». Puisque la loi, en tant que domination unilatérale du concept, s'oppose à tout ce qui est particulier, rien de particulier ne peut la modifier.

Le dispositif de la légalité souffre néanmoins d'une faiblesse constitutive parce que le rétablissement de l'ordre légal n'est pas le rétablissement de la justice. La loi fait de la justice quelque chose de contingent.

Loin de réintégrer le criminel, la procédure pénale se limite à le détruire, ce qui est l'exemple de la façon dont la loi se comporte en général envers tout ce qui est individuel, qui doit toujours être sacrifié au nom de l'universel. Comme la loi se détache de la liberté de la vérité, elle ne prévoit aucune exception. Puisqu'elle n'est que répétition, la loi n'est donc pas en mesure d'assumer et d'élaborer le caractère inédit de l'expérience.

> Ce qui s'est passé, on ne peut faire que ça ne se soit pas passé, le châtiment suit l'acte ; leur cohésion est indéfectible ; s'il n'y a pas moyen de faire en sorte qu'une action n'ait pas eu lieu, si sa réalité est éternelle, alors aucune réconciliation n'est possible, même pas en endurant un châtiment ; la loi est bien satisfaite par là, car la contradiction entre son devoir exprimé et la réalité du criminel, l'exception que le criminel voulait faire de l'universalité, est supprimée. Seulement, le criminel n'est pas réconcilié avec la loi [*W* I, p. 340 ; *Esprit*, p. 145-146].

Dans son isolement et son autonomie, la pensée ne peut pas mettre en valeur sa relation avec la dimension de l'individuel et du particulier, donc la certitude qu'elle peut avoir d'elle-même et de son statut s'appauvrit au point d'induire la pensée à renoncer à ce que pourrait être sa mission : produire une unification réelle. Par conséquent, l'autonomie de la pensée risque de sanctionner l'aliénation réciproque entre la pensée et l'expérience.

La punition en tant que destin est tout à fait différente [cf. *W* I, p. 342 ; *Esprit*, p. 148 sq.]. La force avec laquelle le destin réagit contre l'agent est une force homogène, égale à la force de l'agent lui-même. L'action du criminel a produit une scission de la vie, mais cela à l'intérieur de la vie elle-même, qui réagit donc avec une force déchainée par l'agent lui-même. L'homme souffre de sa condamnation en fonction de la considération de son acte, c'est pourquoi il doit reconnaître dans le crime le résultat de sa propre action. Hegel prend l'exemple de cette médiation entre le crime et ses conséquences, qui fait face à l'incommensurabilité entre la loi et le criminel, grâce à un épisode tiré de *Macbeth* de Shakespeare. En tuant Banquo, Macbeth pensait tuer une vie étrangère, mais en voyant l'esprit du défunt se diriger vers lui, il s'aperçoit qu'il s'agissait de sa propre vie, qu'il a détruite lui-même.

Se confrontant avec la logique de la loi, Hegel articule ce passage en trois étapes. Tout d'abord, si la logique de la pensée s'aplatit sur celle de la loi, comme Hegel le démontre, la légalité de la pensée coïncide avec la logique de la loi. La dignité de la pensée, en fait, relève ici de l'autorité de la légalité. Comme Kant le confirme à maintes reprises, la question de la légalité de la pensée acquiert donc, en deuxième lieu, l'aspect d'un débat judiciaire. En troisième lieu, cela nous mène à supposer que toute pensée qui se justifie en termes de légalité peut prendre un caractère légaliste.

Toutefois ces passages ne sont pas évidents car ce ne sont pas des passages obligés. L'instance, considérée légitime, de définir une légalité *de* la pensée pourrait malgré tout valoriser en effet le caractère subjectif de ce génitif. Au lieu de soumettre la logique de la pensée à l'autorité de la loi, qui sépare l'universel du particulier, on pourrait par conséquent valoriser la légalité à partir de la liberté qui est propre à la pensée. Pour dépasser la logique de la loi, soit la position d'équivalence entre la faculté de penser et celle de légiférer, la pensée peut donc faire de la loi l'objet d'un mouvement dont la pensée elle-même est le sujet. Au lieu de se consacrer à la loi de la pensée, on pourrait donc se consacrer à la pensée de la loi. Il ne s'agit pourtant pas d'une opération innocente. Pour faire de la loi l'objet de la pensée sans établir à nouveau la séparation, qui est le fruit de la loi elle-même, il faut être en mesure, en premier lieu, de voir dans la primauté de la légalité la tendance la plus naturelle et la plus immédiate de la pensée ; en deuxième lieu, il faut garder à l'esprit qu'en s'arrogeant une indépendance par rapport à l'histoire et à l'expérience, le dispositif de la loi semble incontournable. Il faut donc considérer que l'identité entre la légalité problématique de la pensée et la forme de la loi, c'est-à-dire le fait que la légitimité de la pensée provienne de l'autorité de la loi, est une sorte d'illusion transcendantale au sens kantien du terme, dont il faut toutefois révoquer le caractère transcendantal.

2. *Israël et Kant. La loi et le pouvoir de l'entendement*

Il est évident que, dans *L'esprit du christianisme et son destin*, l'analyse consacrée à l'esprit du judaïsme cache une critique de la philosophie kantienne. On ne peut cependant pas réduire Israël, dans ce contexte, à un simple masque de la position de Kant. Dans d'autres textes rédigés à peu près à la même époque, Kant avait été, en effet, la cible explicite, *apertis verbis*, de la verve polémique de Hegel. La position kantienne étant proche de celle de l'esprit de l'Ancien Testament, il est, par conséquent, légitime d'envisager que cette association puisse dévoiler de nouveaux aspects et des significations relativement inédites de la critique de Kant menée par Hegel.

Il s'agit d'une critique qui concerne une thématique centrale de la philosophie kantienne, sur laquelle Hegel ne se penche toutefois que rarement et seulement à propos de la *Critique de la faculté de juger*. Il s'agit du thème de la *Gesetzmäßigkeit*, terme qui, dans le *corpus* hégélien, une fois mise de côté la partie consacrée à l'observation de la nature dans le cinquième chapitre de la *Phénoménologie*, n'apparaît que dans le paragraphe 56 de l'*Encyclopédie* et dans *Foi et savoir*. Dans ces deux œuvres, l'*Encyclopédie* et *Foi et savoir*, la *Gesetzmäßigkeit* de l'entendement n'est pourtant analysée qu'en relation à la troisième critique, et non à la *Critique de la raison pure*. Dès lors, la conformité à la loi, qui est propre à l'entendement, est envisagée comme étant la légalité qui s'accorde avec la liberté, ce qui constitue le domaine de l'esthétique [cf. *W* II, p. 322 ; *FetS*, p. 119].

Au point où nous en sommes, il est donc nécessaire de revenir sur la signification de la domination que l'unification unilatérale, produite par la pensée, institue par rapport à la nature, et qui aboutit, comme on l'a déjà vu, à l'idée d'une « gesetzmäßige Herrschaft » [*W* I, p. 275].

Cette dernière étant une réaction envers la force destructive de la nature, Hegel mélange le récit biblique avec l'évocation de la scène kantienne en particulier avec la condition qui, dans la troisième critique, pousse l'homme à la conscience de sa destination suprasensible c'est-à-dire du sublime dynamique. Tandis que chez Kant la confrontation avec la puissance de la nature encourage l'homme à faire l'expérience de sa force morale, dans la reformulation hégélienne elle aboutit à la domination légale de la pensée, qui finit toutefois par soumettre la nature autant que l'homme. La loi impose en effet aux supposés dominateurs « le commandement de se limiter eux-mêmes » [*W* I, p. 275 ; p. 376]. Cela signifie donc que la légalité de la pensée est absolutisée.

Face au caractère *relativus* de la domination, qui doit dominer quelque chose avec quoi elle est malgré tout en relation, le domaine de la pensée finit par être *ab-solutus* au sens littéral et étymologique du terme.

Par rapport au problème de l'absolutisation indue du point de vue subjectif et fini que conteste Hegel dans *Foi et savoir*, il semblerait qu'à partir de l'*Esprit du christianisme* on puisse trouver une explication à une de ses remarques faite ultérieurement dans les leçons sur l'histoire de la philosophie.

> Der Standpunkt der Kantischen Philosophie ist, daß das Denken durch sein Räsonnement dahin kam, sich in sich selbst als absolut und konkret, als frei, Letztes zu erfassen. Es erfaßte sich als solches, daß es in sich alles in allem sei. Für seine Autorität ist nichts Äußeres Autorität; alle Autorität kann nur durch das Denken gelten [*W* 20, p. 331][12].

L'absolutisation de la pensée n'est pas seulement une opération que la pensée intellectuelle (*das Räsonnement*)

[12] « Le point de vue de la philosophie kantienne est que la pensée, grâce à son *Räsonnement*, aboutit à cela, qu'elle se saisit en tant que quelque chose d'ultime, en tant que libre, concrète et absolue en elle-même. Elle se saisit de façon telle qu'elle serait tout en tout. Pour elle, il n'y a d'autre autorité qu'elle-même ; toute autorité ne peut valoir qu'à travers la pensée » [*notre traduction*].

applique de façon illicite à un point de vue limité, tel que celui du sujet et du fini, mais c'est aussi une absolutisation de la pensée au sens objectif du terme. L'absolutisation du point de vue subjectif ne saurait être que le corollaire du fait que la pensée se détache de l'expérience à cause de son renoncement à garder un principe qui lui est propre pour accueillir passivement l'autorité de la légalité. Les premières pages de l'*Esprit du christianisme* sont consacrées à la liaison intime entre l'absolutisation de la pensée et sa légalité. Lorsque le principe de la pensée coïncide avec la *Gesetzmäßigkeit*, ce principe s'absolutise parce que pour lui rien n'a plus de valeur que ce qui est *a priori* reconnu par l'autorité de la loi.

En relation avec l'esprit du judaïsme, cette distance infinie entre l'autorité de la loi et tout ce qui est réel et particulier est définie par Hegel comme une « unübersteigbare Kluft ».

Mais dans l'esprit des Juifs se creusait entre la pulsion et l'action, entre l'envie et l'acte, entre la vie et le crime, et entre le crime et le pardon un abîme infranchissable (*eine unübersteigbare Kluft*), un jugement étranger ; et lorsqu'on leur montra dans l'amour un lien entre péchés et réconciliation (*ein Band zwischen Sünde und Versöhnung*) en l'homme, il fallut bien que leur être dénué d'amour s'indignât, et une telle idée, alors que leur haine avait la forme d'un jugement (*trug die Form eines Urteils*), devait être pour eux l'idée d'un fou (*der Gedanke eines Wahnsinnigen*) [*W* I, p. 355 ; *Esprit*, p. 162].

Cette formulation rappelle de toute évidence la locution avec laquelle Kant, dans la Préface de la *Critique de la faculté de juger*[13], avait pensé l'abîme qui semble séparer nature et liberté. Il faut remarquer d'ailleurs que, selon le lexique des frères Grimm[14], *wahnsinnig* définit précisément la condition de quelqu'un qui, tout en continuant à penser, n'est plus en mesure de distinguer ce qui est tout simplement pensé et ce qui est réel. Cela signifie bien évidemment que, suite à l'opération de la pensée qui se détache de la réalité et de l'expérience, celui qui

[13] Cf. *KdU*, B 176, où Kant parle d'une « unübersehbare Kluft » qui se donne entre le domaine du concept de la nature et celui du concept de la liberté.
[14] Cf. Bd. 27, Sp. 679.

ne participe pas à la séparation originaire qui est à la base de la légalité ne participerait pas non plus au *logos*.

Avant de vérifier le sens de l'association entre un point fondamental de la *Critique de la raison pure* et le contexte de la séparation entre nature et liberté, qui marque du début de la *Critique de la faculté de juger*, penchons-nous sur la manière dont la pensée, incarnée par l'esprit d'Israël et de Kant, absolutise la séparation. Rappelons tout d'abord que cette absolutisation renvoie à la façon d'être de l'entendement, lequel est défini dans la Préface à la *Phénoménologie de l'esprit*, à distance de quelques années, comme « la plus étonnante et la plus grande puissance qui soit, ou, pour tout dire, la puissance absolue » [*GW* IX, p. 27 ; *PhdE*, p. 48].

De ce point de vue, l'entendement, dans la mesure où il n'est capable d'unifier que dans la dimension exclusive de la pensée, finit par se détacher de tout, par se convaincre d'être une force indépendante et autonome. On pourrait dire, pour rester dans le lexique de *L'esprit du christianisme*, que l'entendement se pense comme quelque chose de *selbständig, ganz unabhängig*, c'est-à-dire comme un dispositif tout à fait autosuffisant et libre de tout besoin quel qu'il soit.

Cependant l'évaluation du statut de l'entendement, comme le souligne John Burbidge[15], est dans la Préface à l'œuvre de 1807 pour le moins ambiguë, du point de vue spéculatif, puisque l'entendement montre certes des limites évidentes mais aussi d'insoupçonnables mérites.

2.1 *L'entendement, entre pharisaïsme et liberté. La* Differenzschrift

Rappelons, à ce propos, que dans le texte dans lequel on trouve pour la première fois une distinction claire entre entendement et raison, soit la *Differenzschrift*, Hegel souligne la démarche complaisante, voire auto-trompeuse, du *Verstand*.

[15] J. Burbidge, *Hegel on Logic and Religion. The Reasonableness of Christianity*, State University of New York Press, Albany 1992, p. 29 sq.

> Perdu dans les éléments divisés, il [l'Absolu] incite l'entendement à développer sans fin la diversité. L'entendement s'efforce de s'amplifier pour devenir l'Absolu, mais, de façon dérisoire (*spottet seiner selbst*), il ne fait que se produire lui-même sans fin [*W* II, p. 20 ; *Diff.*, p. 109].

Ce n'est pas un hasard si ce passage se trouve dans la partie intitulée : « le besoin de la philosophie », dans laquelle la duplicité du génitif ne peut pas nous échapper. Le fait que le besoin de la philosophie provienne d'une scission historique qui, selon Hegel, caractérise l'époque qui lui est contemporaine, signifie à la fois que le savoir philosophique lui-même a une genèse et par conséquent qu'il est, du moins relativement, conditionné. Face à la raison dont la philosophie est caractérisée par un rapport étroit avec l'époque, l'entendement est la force reposant sur une universalité abstraite qui prétend être séparée de l'histoire et donc *causa sui*. En décrivant la démarche de l'entendement, Hegel insiste sur la métaphore de l'auto-mystification.

> L'entendement imite (*ahmt*) la Raison et, par cette forme même, il se donne l'apparence de la Raison (*der Schein der Vernunft*), mais les termes posés restent en soi opposés, donc finis [*W* II, p. 21 ; *Diff.*, p. 109].

L'entendement, convaincu d'être une force *ab-soluta*, se sent menacé par la raison, dont le caractère est, en revanche, compréhensif et donc inclusif. En d'autres termes, l'entendement essaie de se faire passer pour la raison puisqu'il craint que cette dernière puisse le réduire à un moment *relativus* et non *absolutus*. Dans sa « crainte secrète », qui n'est autre que l'intime suspicion de sa faiblesse, l'entendement « veut se protéger en badigeonnant (*übertüncht*) ses particularités d'une apparence de Raison » [*W* II, p. 23 ; *Diff.*, p. 16].

Prêtons alors attention au verbe (*übertunchen*) choisi par Hegel afin de caractériser le comportement intellectuel lorsque celui-ci essaie de se substituer à la raison et de se préserver du caractère compréhensif et inclusif de cette dernière. Dans sa traduction, Luther utilise en effet le verbe *übertünchen* pour rendre le célèbre passage de Mt 23, 27, dans lequel Jésus affirme que les pharisiens sont des hypocrites et des sépulcres blanchis : *Weh euch Schrifftgelerten und Phariseer / jr Heuchler / Die jr gleich seid wie die übertünchte Greber.*

Si le pharisaïsme est une forme particulière du légalisme, il n'y a rien de surprenant à penser que l'entendement, même dans le contexte de la *Differenzschrift*, produise une sorte d'illusion due à une compréhension insuffisante de la loi et de la légalité en général. D'ailleurs, l'idée de départ n'était-elle pas que, loin de devoir nier la loi, la pensée doit l'honorer et lui soustraire sa *forme* légale ? En d'autres termes, ce que l'on peut imputer à l'entendement n'est pas tant son insistance sur la légalité que sa tendance à aboutir à une légalité qui ne saurait être autre que domination. Cela signifie que la pensée, plus compréhensive que l'entendement, ou plutôt la pensée dialectique doit penser une légalité particulière qui soit en mesure de rendre superflu le besoin de domination.

Cette hypothèse est renforcée par un ultérieur élément textuel : en soulignant la façon dont l'entendement se méprend sur sa propre position, dans la *Differenzschrift* Hegel ne nie absolument pas la valeur de l'entendement en général. En effet, celui-ci n'est pas seulement la force qui sépare. C'est la force qui sépare pour la même raison que c'est, en même temps, « la force limitative (*die Kraft des Beschränkens*) » [*W* II, p. 20 ; *Diff.*, p. 109]. On peut donc affirmer que l'entendement est la force qui consolide « tout ce qui présente une valeur, un caractère sacré pour l'être humain » [*W* II, p. 20 ; *Diff.*, p. 109].

Même si, pour Hegel, la distinction entre entendement et raison se rapporte à la distinction entre abstrait et concret, il continue d'insister, comme dans le paragraphe 80 de l'*Encyclopédie*, sur le fait que « la pensée relevant simplement de l'entendement a son droit et son mérite qui, d'une façon générale, consistent en ce que dans le domaine pratique aussi bien que dans le domaine théorique on n'arrive sans l'entendement à aucune fixité et déterminité » [§ 80, *Zusatz*].

L'entendement est bien évidemment un dispositif incontournable duquel la pensée ne peut pas se passer. Hegel remarque donc que « celui qui veut quelque chose de grand doit, comme dit Goethe, se borner » [§ 80, *Zusatz*]. Il s'agit d'une citation, que l'on peut retrouver aussi dans le *Zusatz* de Gans au paragraphe 13 des *Principes de la philosophie du droit*, tirée d'un poème de Goethe qui date de 1802, intitulé *Natur und Kunst, sie scheinen sich zu fliehen*. Ce qui nous intéresse est la dernière strophe qui aboutit a une conclusion tout à fait significative: *Wer Großes will, muß sich zusammen raffen* ; / *In der Beschränkung zeigt sich erst der Meister, / Und das Gesetz nur kann uns Freiheit geben.*

Bien que la dernière strophe ne soit pas explicitement mentionnée par Hegel, on peut remarquer que le poème de Goethe évoque de nouveau, mais de façon indirecte, le thème décisif de la loi : la loi seule peut nous donner la liberté.

Néanmoins, dans la *Differenzschrift,* Hegel parle aussi d'une lutte entre l'entendement et la raison : « dans la lutte (*im Kampfe*) menée par l'entendement contre la Raison, celui-là n'a de force qu'autant que celle-ci renonce à elle-même » [*W* II, p. 24 ; *Diff.*, p. 112]. Lorsque la raison renonce à honorer son propre rôle, on assiste à une inapaisable hostilité entre entendement et raison ; mais à partir du moment où la raison se charge d'exercer sa fonction de compréhension et inclusion, la relation entre les deux peut prendre la forme de lien. Dans la *Differenzschrift,* cette perspective est rendue possible grâce à l'élément que la raison et l'entendement ont en commun, c'est-à-dire la notion de réflexion, qui d'un côté les sépare mais de l'autre les unit[16].

Dans la *Science de la logique*, Hegel approfondira le dispositif de la réflexion de façon innovante par rapport aux écrits d'Iéna. Mais notre but étant d'identifier le fil rouge qui unit les remarques hégéliennes sur le rôle de l'entendement dans une période précédente, le dispositif de la réflexion ne nous est pas ici utile. Dans ce contexte, il peut en revanche être approprié de souligner que l'ensemble des références et du lexique employé par Hegel renvoie aux thèmes de la loi et de la légalité.

---

[16] Cf., à ce propos, la contribution de R. Morani, *Riflessione e intelletto come* pharmakon, in *Sostanza e soggetto. Studi sulla* Prefazione *alla* Fenomenologia dello spirito *di Hegel*, éd.G. Garelli et M. Pagano, Pendragon, Bologne 2016, p. 31-56.

L'hypocrisie, c'est-à-dire la dissimulation dont l'entendement est à la fois l'auteur et la victime, est liée au fait que celui-ci croit pouvoir faire de la loi son arme invincible. Si le but de la raison est d'éliminer les oppositions, l'entendement croit pouvoir détruire la raison en absolutisant la séparation. Face au caractère inclusif et compréhensif de la raison, l'entendement établit donc, comme on l'a déjà vu dès l'*incipit* de *L'esprit du christianisme*, une domination légale. Ce qui produit toutefois une ultérieure auto-tromperie. En niant son lien avec l'expérience et donc avec ce qui est particulier, la pensée intellectuelle pense gagner une indépendance qui n'est en fait que son autonomie. Mais le fait que l'entendement se donne à lui-même une loi signifie qu'il se remet à l'autorité étrangère qu'est la loi ; son indépendance se transforme donc en soumission, d'autant plus complète qu'elle est le résultat d'une opération dont l'entendement n'est pas conscient.

Mais, en référence à la citation indirecte tirée du poème de Goethe, que signifie le fait que seule la loi nous donne la liberté ? Il semblerait qu'il n'y ait qu'une façon de concilier les deux positions, apparemment antithétiques.

Alors que l'entendement, en naturalisant sa propre capacité de dicter les lois, finit par aboutir à la soumission, la raison, afin de sauvegarder sa liberté, doit forcément se confronter à la loi. Donc face à la force constitutivement polémique de l'entendement, une pensée qui a l'intention d'ouvrir la réconciliation et l'unification doit reconnaître dans la loi une altérité qui toutefois lui appartient. En d'autres termes, la pensée de la réconciliation, ne voulant pas rétablir, vis-à-vis de la légalité, cette même opposition qui est le fruit de la posture unilatérale de l'entendement, doit faire de la loi un moment de sa propre expérience de soi. De cette manière, la loi, au lieu de nous asservir, pourra nous donner la liberté. En nous confrontant à la loi et à ses manquements, nous pouvons nous libérer de la loi, c'est-à-dire de cette forme de légalité, qui n'est autre que domination, que la pensée intellectuelle tend à imposer de façon naturelle. Seule la loi peut permettre la liberté puisque la confrontation avec la loi elle-même offre à la pensée la possibilité de se replacer dans le cadre de l'expérience. C'est pour cela que l'entendement, une fois conçu du point de vue de la raison, a l'incomparable mérite d'être la force qui limite, *die Kraft des Beschränkens*.

2.2 *L'entendement et Israël. La loi et la libération de la loi*

Si Israël incarne l'entendement, la confrontation avec Israël devrait pouvoir aider le savoir conceptuel à se penser au sein d'une expérience déterminée. Le paragraphe 112 de l'*Encyclopédie* nous informe aussi de cette possibilité. La référence à Israël semble, dans ce cas, décisive puisque, comme dans les *Leçons sur la philosophie de la religion*, la religion de l'Ancien Testament est la religion du lieu de naissance de la pensée dans la mesure où elle institue la force d'abstraction. Le Dieu d'Israël est en effet conçu comme universel. Cependant, si l'on s'arrête à une conception du divin qui se limite à affirmer que « Dieu est l'essence », on finit par faire de Dieu une puissance si universelle et abstraite qu'elle ne suscite que la crainte, voire la terreur. Cette position, tout en étant le principe de la sagesse, en est également le simple commencement. Cette remarque se réfère sans aucun doute au dixième vers du Psaume 111, « La crainte de l'Eternel est le commencement de la sagesse » (dans la traduction de Luther : « Die Furcht des Herrn ist der Weisheit Anfang »). Par la suite, Hegel mentionne explicitement la religion juive, où Dieu est purement réduit à un nom, « le *caput mortuum* de l'abstraction ».
L'expression *caput mortuum* renforce l'importance théorique de cette remarque : comme nous le verrons, cette formulation se trouve aussi dans le cinquième chapitre de la *Phénoménologie de l'esprit*, celui consacré à la raison, qui est le seul passage, dans l'œuvre de 1807, où Hegel mentionne *apertis verbis* l'expérience juive. Il faut souligner, pour l'instant, que la centralité du rapport entre l'entendement et la loi a, dans la mesure où il risque de devenir un *caput mortuum*, une signification ultérieure. Selon la crypto-citation de l'Évangile de Matthieu dans la *Differenzschrift*, les sépulcres blanchis, qui comme l'entendement sont *übertüncht*, en dépit de leur belle

apparence sont à l'intérieur « plein d'ossements de morts » (dans la traduction de Luther : « voller von Todtenbein »). Cela signifie que, dès que la légalité de l'entendement, qui est le commencement de la pensée, se détache de l'expérience et absolutise sa propre indépendance, la pensée gagne une force si puissante qu'elle risque de se consolider au détriment de sa propre vitalité. Une fois que l'entendement se laisse abuser par sa propre mystification, ce qui fait le commencement de la pensée et donc le lieu où elle trouve le début de sa vie, finit par devenir son *caput mortuum*, c'est-à-dire quelque chose de pharisaïque, pour ainsi dire la forme spéciale de légalisme qui impose la domination exclusive de la loi. Il nous est maintenant possible de revenir sur les deux questions centrales de cette analyse : pourquoi l'entendement a malgré tout un mérite et un droit ? Pourquoi seule la loi nous donne la liberté ?

Tout d'abord, comme l'avons déjà évoqué ci-dessus, l'absolutisation de la loi entraîne l'illusion selon laquelle il n'y aurait aucun *logos* en dehors de la loi, et donc l'entendement ferait passer la légalité pour le seul principe légitime de la pensée. Cette illusion est, par conséquent, transcendantale au sens kantien du terme, puisque selon le point de vue limité mais presque naturellement unilatéral de l'entendement (qui fait abstraction de l'expérience), elle est inévitable. Une pensée menée par la raison peut néanmoins se confronter à la légalité de l'entendement pour transformer la loi, de sujet incontesté en objet de la pensée. De cette façon, la pensée de la raison, qui vise à la réconciliation, peut faire de la loi un moment de sa propre expérience de soi et plus précisément, d'après le paragraphe 112 de l'*Encyclopédie*, le premier moment de cette expérience. La confrontation à la loi sert dès lors à la pensée pour se concevoir en tant que résultat d'un processus, dont le commencement, tout en apparaissant autre que soi-même, est toutefois l'autre *de* soi-même.

L'entendement est donc la force qui limite puisque, une fois devenu le terme de comparaison d'une raison qui ne renie pas son rôle, il permet à la pensée de comprendre sa genèse conditionnée. De cette manière, la pensée peut se soustraire à la tentation de l'autonomie, qui d'ailleurs tend à se transformer de par elle-même en hétéronomie. Le *Verstand* est la force qui limite parce que, si sa logique correspond à celle de l'autonomie et donc de la légalité, en présence de celui-ci la pensée peut néanmoins reconnaître sa propre indigence, son être conditionné. Seule la loi nous donne la liberté car, une fois comprise en tant que commencement de la pensée elle-même, elle démasque l'illusion de l'indépendance et de l'autonomie qui relève de l'absolutisation indue de la loi (comme commencement, moyen et but de toute pensée).

On peut finalement comprendre pourquoi la force qui limite est aussi la force qui sépare. C'est justement en posant la séparation, qui est instituée par la loi, que l'entendement produit l'altérité qu'aucune pensée ne peut trouver à l'intérieur de soi, soit l'élément indéductible qui ne relève que de l'expérience. L'entendement se pose ainsi au commencement de la pensée puisqu'il déclenche l'expérience. Mais, comme on l'a déjà vu, le *Verstand* comporte aussi une extraordinaire ambiguïté : tout en étant le dispositif qui déclenche l'expérience, l'entendement tend en même temps à s'en émanciper. C'est donc à la raison, la force de réconciliation, de réunir la pensée et l'expérience. Qu'est-ce que cela signifie, au point où nous en sommes ? Que la réunion de l'expérience et de la pensée permet d'atteindre une connaissance centrale, car elle dévoile le caractère *relativus*, et non *ab-solutus* de cette dernière.

L'amour, dans *L'esprit du christianisme*, est le *pleroma* de la loi puisque, face à l'aspect paradoxal dû au caractère ambigu de l'entendement, à la fois *Selbständigkeit* et *Unabhängigkeit*, il est précisément une forme de relation. C'est seulement en se confrontant à la logique de la loi que la pensée atteint un *plus*, car ce *plus* correspond à ce que la pensée ne peut déduire de par elle-même. En d'autres termes, le *plus* est ce que la pensée ne peut pas produire dans sa solitude, ce qui signifie aussi que la pensée a besoin de l'expérience. Seule la loi donne la liberté parce que la confrontation à la loi, qui en démasque l'absolutisation indue, nous soustrait au joug de l'hétéronomie. Donc la liberté de la pensée, par rapport à la liberté illusoire de l'entendement, est une liberté *relative*, qui s'exerce en relation à l'expérience, à ce qui n'est pas immédiatement pensée et qui n'est pas non plus le produit de la pensée elle-même.

Enfin, puisqu'il ne s'agit pas d'abolir la loi mais de lui enlever sa forme légale par le biais de sa réunion avec l'expérience, l'objectif d'une pensée de la réconciliation est donc de *comprendre* la loi, au sens de l'embrasser dans un ensemble.

Avant de conclure, il est nécessaire de revenir sur notre première question : de quelle façon, dans *L'esprit du christianisme*, la remarque sur la conformité aux lois de l'entendement, qui rappelle la *Critique de la raison pure* et la crypto-citation de la *Critique de la faculté de juger* au sujet de l'*unübersteigbare Kluft,* suggère-t-elle le cheminement à travers lequel la pensée de la réconciliation peut dépasser la loi ? Pour y répondre, on doit se pencher sur *Foi et savoir*, lorsque Hegel souligne que le jugement réfléchissant (*reflektierende Urteilskraft*), pour Kant, constitue un terme moyen entre le concept de nature et celui de liberté. Le moyen-terme « trouve la région de l'identité de ce qui est sujet et prédicat dans le jugement absolu [...]. Cette identité toutefois, qui est la seule véritable et unique Raison n'est pas chez Kant pour la Raison, mais seulement pour la faculté de juger réfléchissante » [*W* II, p. 322 ; *FetS*, p. 119]. On approfondira le problème du jugement par la suite. Pour l'instant, on peut remarquer que, selon Hegel, Kant réduit toutefois le jugement réfléchissant à un jugement dont le statut est exclusivement subjectif, qui ne serait pas en mesure d'exprimer le caractère à la fois subjectif et objectif de la raison. Hegel va confirmer cette idée dans le *Zusatz* au paragraphe 42 de l'*Encyclopédie*, où l'on peut lire que si les catégories nous appartiennent (elles sont *uns angehörig*) cela ne dérive pas du fait qu'elles sont quelque chose qui est exclusivement à nous (*ein Unsriges*) ni qu'elles sont simplement des déterminations subjectives.

En effet, c'est la raison qui pose l'identité des éléments hétérogènes, ce qui signifie qu'elle est un ensemble de spontanéité et passivité. Par conséquent, selon Hegel, Kant découvre malgré lui la véritable raison dans l'imagination productrice, « activité spontanée et absolument synthétique [...] », qui justement « auparavant n'était caractérisée que comme réceptivité » [*W* II, p. 305 ; *FetS*, p. 106]. La véritable présence de l'idée spéculative relève du fait que Kant a entrevu dans l'imagination la racine commune d'où découlent l'entendement et la sensibilité.

L'idée de raison, chez Kant, est néanmoins exprimée de façon formelle puisque le philosophe critique tomberait sur l'idée spéculative de raison sans la reconnaître en tant que telle. Dans notre cadre argumentatif, ce qui nous intéresse est que, successivement au passage consacré au rôle de médiation de la faculté réfléchissante de Juger, Hegel mentionne un extrait de la *Remarque générale à la première section de l'analytique* dans lequel Kant affirme l'idée d'une imagination en tant que « légalité sans loi, un accord subjectif […] avec l'entendement sans accord objectif »[17].

Puisque, selon Hegel, Kant a découvert malgré lui dans l'imagination l'idée spéculative de la *Vernunft*, la possibilité de l'accord entre cette dernière et l'entendement réside dans le fait que la raison peut produire sa propre légalité permettant de révoquer la domination de la loi à laquelle aboutit l'entendement. En d'autres termes, même à partir de la confrontation plus strictement théorique entre Hegel et Kant, on peut remarquer que c'est donc la raison qui doit produire une légalité qui ôterait à la loi sa forme légale. La raison se donne donc sous le signe d'une légalité sans loi. Mais qu'est-ce que la formulation kantienne signifie si on se concentre sur l'herméneutique de Hegel ? Pour trouver une réponse, référons-nous à notre fil rouge auparavant illustré. Suite à l'institution de la loi, soit le pouvoir de séparation, la force de l'entendement se transforme toutefois en faiblesse constitutive, à cause de l'illusion de sa position. En revanche, la raison, dans la mesure où elle se confronte à la légalité, atteint la conscience de sa propre relativité, et peut donc transformer son indigence en une force. *Das Gesetz nur kann uns Freiheit geben* parce qu'il n'y a pas de possibilité de liberté en dehors de la relation à la loi : le fait de se confronter à la loi donne à la pensée le *plus* indéductible de l'expérience. La force qui limite, une fois devenue l'objet d'une compréhension spéculative, est aussi la force qui libère. La relation d'amour, en tant que *pleroma* de la loi, correspond précisément à l'expérience en vertu de laquelle la loi libère de la loi.

---

[17] *KdU*, B 69; *CdFJ*, p. 81.

Pour conclure provisoirement notre hypothèse de lecture, il faut donc souligner que c'est l'expérience de la loi qui dépouille la loi de sa forme. La loi, en tant que séparation, représente, en effet, le commencement de l'expérience mais elle tend par la suite à s'affranchir de l'expérience pour établir, en termes de répétition, son indépendance de l'*Erfahrung*. Par contre, dès que la pensée transforme la loi en un moment de l'expérience, la forme dure de la loi s'évanouit, étant donné que cette première s'unit à l'expérience dont l'entendement *volens nolens* s'écarte.
Dès lors, l'expérience de la loi est l'expérience d'une limite qui aboutit à un penser qui est conscient de sa relativité face à l'expérience elle-même : la compréhension spéculative de l'entendement en tant que forme de limitation invite la pensée à se comprendre en tant qu'activité qui, tout comme l'amour, se produit en termes de relation. L'expérience de la loi libère de la forme de la loi, soit de la tentation d'une autonomie indue autant qu'illusoire.

3. *Paul et la dialectique de la loi*

Si c'est seulement la loi, ou plus précisément l'expérience de la loi qui libère de la loi, on peut imaginer que Hegel, lors de sa réflexion sur le statut de la légalité dans *L'esprit du christianisme*, entretient un dialogue secret avec l'apôtre Paul. Cette remarque peut avoir d'autant plus d'importance, et par ailleurs être d'autant plus surprenante, si l'on souligne que l'on ne trouve pas dans le *corpus* hégélien, du moins *apertis verbis*, une confrontation avec Paul. En effet, les endroits textuels où Paul est mentionné sont rares et ne sont pas significatifs.

Mise à part une référence générale à l'*Epître aux Corinthiens* dans les *Aphorismen über Nichtwissen und absolutes Wissen im Verhältnisse zur christlichen Glaubenserkenntinis*, Hegel ne renvoie à Paul que dans la section consacrée à Kant des leçons sur l'histoire de la philosophie, mais simplement en relation aux *Actes des apôtres* [cf. *W* 20, p. 383]. D'une part, il cite l'épisode du Dieu inconnu et de l'autre un passage des *Actes* (5, 9) qu'il avait déjà mentionné à la fin de la Préface à la *Phénoménologie de l'esprit*. Cela signifie clairement que l'ensemble du *corpus* hégélien passe mystérieusement sous silence, le contenu des épîtres pauliniennes.

Très probablement, la confrontation de Hegel à Paul est à rechercher, quoiqu'indirectement, dans l'*Esprit du christianisme*, étant donné qu'elle concerne précisément le problème de la loi et donc le thème plus significatif et controversé de l'*Epître aux Romains*[18].

Si notre hypothèse est fondée, on pourrait voir à premier abord, une opposition profonde entre la position de Hegel et celle de Paul, qu'il s'agit d'articuler. Pour commencer, l'idée paulinienne, selon laquelle là où la loi est présente, le péché l'est aussi, semble être aux antipodes de la position paradoxale de Hegel qui veut que seule la confrontation à la loi libère de la loi.

Il ne s'agit pas, cela va sans dire, d'épuiser toutes les interprétations philosophiques que le problème de la loi dans l'Epître aux Romains suscite. Nous nous limiterons à dégager les aspects critiques de la position paulinienne pour mettre en lumière, en contraste, la position hégélienne.

Le passage de l'*Esprit du christianisme* pertinent pour notre étude est le suivant :

> Cet esprit de Jésus élevé au-dessus de la moralité se montre immédiatement tourné contre les lois dans le sermon sur la montagne, qui est une tentative menée sur plusieurs exemples de lois d'ôter aux lois le légal (*das Gesetzliche*), la forme des lois, en ne prêchant pas le respect de celles-ci : en montrant plutôt ce qui les accomplie (*zeigt auf dasjenige, was sie erfüllt*) mais les supprime en tant que lois (*hebt Sie als Gesetze auf*) [*W* I, p. 324 ; *Esprit*, p. 127].

Hegel fait ici référence au problème brûlant du Sermon sur la montagne c'est-à-dire de savoir s'il vise l'abolition de la loi ou son accomplissement. Il s'agit d'un thème si difficile qu'il

---

[18] Sur la confrontation de Hegel à Paul cf. I. Guanzini, *Il giovane Hegel e Paolo*, Vita e Pensiero, Milano 2013 ; du même auteur voir aussi *Paolo, Hegel e Lacan : fuori-legge?*, « Aisthema », 1 (2015), p. 155-204.

ferait trembler le lecteur et que n'avons pas ici la prétention d'épuiser. Nous nous limiterons seulement à observer que, en se confrontant à ce thème théologique, la pensée semble prendre conscience de sa propre physionomie, de son propre statut. À ce propos, une remarque linguistique s'impose puisque le verbe employé par Hegel est significatif. En insistant sur le fait qu'il est nécessaire d'éliminer la *forme* de la légalité, Hegel conclut, du moins temporairement, en affirmant qu'il s'agit de *aufheben* la loi en tant que telle et ce verbe est évidemment central dans la pensée hégélienne. Il exemplifie de manière paradigmatique ce que, dans la Préface à la deuxième édition de la *Science de la logique*, Hegel définit comme « esprit spéculatif de la langue ». L'unité des significations opposées montrées par certains verbes (et mots), dont *aufheben* est le modèle, représente l'unité de « significations opposées » qui, tout en étant contradictoire aux yeux de l'entendement, dévoile l'« esprit spéculatif de la langue » [*W* V, p. 20 ; *SL*, p. 34].

Nous approfondirons ensuite le rôle joué par le langage dans la confrontation de Hegel à l'Ancien Testament et par conséquent à la question de la loi. Pour l'instant, il est suffisant de souligner que, dès que l'on parle de *aufheben*, on est, selon Hegel, face à une contradiction que l'entendement fuit ; en particulier, le passage textuel mentionné semble être calqué sur un extrait tiré de l'Épître aux Romains selon la traduction de Luther, à savoir Rm 3, 31 : « Wie ? Heben wir denn das Gesetz auff durch den glauben ? Das sey ferne, sondern wir richten das Gesetz auff ».

Si l'une des premières occasions durant laquelle Hegel valorise l'attitude spéculative du verbe *aufheben* est justement celle de la confrontation à la loi, cela signifie que cette confrontation a une signification théorétique dans la mesure où un des deux termes est un *topos* théologique.

Il peut être utile d'approfondir le statut des termes de la contradiction qui évoque et encourage une attitude spéculative. Si le terme de confrontation est tiré de l'Épître aux Romains, la contradiction doit être cherchée dans le texte de Paul. Tout en se limitant à la lettre aux Romains et en la simplifiant, il y a deux endroits textuels principaux à prendre en considération : le premier est Rm 10, 4, dans lequel Paul remarque que le Christ fait l'objet du *telos* de la loi, c'est-à-dire *das Ende des Gesetzes* dans la traduction de Luther ; le deuxième est Rm 13, 10, où Paul affirme que l'amour prêché par le Christ est le *pleroma* de la loi, l'*Erfüllung des Gesetzes* dans la version allemande.

Dans sa traduction, Luther emploie le verbe *aufheben* (Rm 3, 10) provenant du latin *tollere*, qui a en soi une duplicité de signification : élever et enlever. Cette dramatique ambiguïté démontre bien l'attitude paulinienne face à la loi, c'est-à-dire l'idée d'un accomplissement problématique qui cohabite avec l'idée d'une solution de continuité tout aussi difficile. D'autres endroits de la lettre aux Romains témoignent de cette ambivalence dramatique, soit d'une conception positive de la loi qui accompagne une conception négative.

Même si le verbe allemand, dans Rm 3, 31, a l'avantage de pouvoir évoquer le champ sémantique du mot grec *telos*, cela n'empêche pas que la conception paulinienne de la loi continue à susciter de l'inquiétude, comme son extraordinaire résonance philosophique et théologique le montre. Le lien direct entre la conception hégélienne de l'*Aufhebung* et Rm 3, 10 n'autorise pas pour autant à avancer l'hypothèse selon laquelle Hegel, face à la duplicité de la loi, se contenterait d'établir que l'amour est, à la fois, accomplissement et suppression de la loi. Comme Hegel le souligne à maintes reprises, l'attitude spéculative ne consiste pas à conserver ensemble deux postures opposées, comme si l'opposition pouvait être ignorée, mais elle consiste plutôt à reconnaître à la contradiction la production d'une signification, d'un *plus* inédit.

Face à la non-belligérance indifférente qui pourrait survenir à la suite de la négation de la contradiction, c'est justement la pensée du conflit entre les deux positions qui produit un sens nouveau. Puisque l'*Aufhebung* spéculative est exemplifiée, dans l'*Esprit du christianisme*, par la confrontation avec une légalité qui n'est pas étrangère à la *Gesetzmäßigkeit* de l'entendement, cette confrontation peut devenir le modèle herméneutique d'une raison qui vise à la réconciliation. Il s'agit ainsi de développer les éléments qui font partie de ce modèle. Si l'expérience philosophique de l'*Aufhebung* se manifeste tout d'abord dans l'analyse de la loi, l'aporie mystérieuse de cette dernière doit donc cacher en soi un paradoxe que l'on peut penser de manière spéculative.

Voyons alors, sans pour autant prétendre se pencher sur l'ensemble des thèmes en question, les aspects négatifs de la loi selon Paul.

A la lueur de Rm 3, 20, on peut affirmer que nul ne sera justifié par les *œuvres de la loi* puisque la connaissance du péché se donne au moyen de la loi. En d'autres termes, cette affirmation semble légitimer une radicalisation, selon laquelle là où la loi est présente, il y a péché, parce que c'est la loi qui institue la possibilité de transgression de la légalité, soit la possibilité de commettre *amartia*. L'homme peut être justifié non par la loi, mais par la foi, affirme Rm 3, 28. L'aspect paradoxal est, dans un cas comme dans l'autre, que Paul emploie les mêmes termes : la foi est également une loi (*nomos pisteos*), et cette dernière, tout comme la véritable loi mais en opposition à celle-ci, est en mesure de justifier (*dikaioein*). Même lorsqu'on tente de se soustraire à la loi, le lexique de la légalité semble omniprésent et envahissant, voire invincible. Le pouvoir de la loi est si fort qu'il pousse Paul, dans Rm 4, 15, à réaffirmer que la loi détient le monopole du péché, dans la mesure où elle en envisage la paternité.

Bien qu'à titre de concession rhétorique, Rm 5, 20 affirme que « la loi est intervenue pour que l'offense abondât ». On a souligné qu'il s'agit d'une simple concession parce que le schéma, selon lequel l'intention théologique à la base de la proposition finale semblerait transformer le mal en instrument du bien est immédiatement après révoqué : la grâce, qui surabonde et qui est étrangère à toute logique de fin et moyen, est plus forte que le péché, qui abonde néanmoins.

Ces considérations n'empêchent pas que la loi soit sainte et juste (Rm 7, 12). L'effet qu'elle produit, c'est-à-dire la connaissance du péché, n'affecte pas la nature substantielle de la loi, qui est bonne. « Que dirons-nous donc ? La loi est-elle péché ? Loin de là ! Mais je n'ai connu le péché que par la loi. Car je n'aurai connu la convoitise, si la loi n'eût dit : tu convoiteras point » (Rm 7, 7).

Tout d'abord, la raison pour laquelle la loi produit le péché, bien qu'étant bonne en soi et donc ne pouvant en être la source directe, représente sa propre impuissance. D'une manière qui ne semble pas incompatible avec la démarche que l'on trouve dans l'*Esprit du christianisme*, l'impuissance de la loi rend compte de sa corrélation avec le péché dans la mesure où, en montrant ce qu'est la transgression, elle énonce que « le péché est péché »[19].

Mais qu'est-ce qui témoigne alors de cette impuissance et qu'est-ce qui, par conséquent, l'associe aux remarques hégéliennes ? La réponse pourrait être la suivante : la définition du péché donnée par la loi devient tautologique. Qu'est-ce que le péché ? Ce qui transgresse la loi. Qu'est-ce qui transgresse la loi ? Le péché. En d'autres termes, le péché demeure péché pour toujours. Malgré le fait que le péché soit sanctionné, la loi favorise une répétition qui ratifie la persistance du péché lui-même. En effet, comme le souligne Hegel, la seule possibilité dont la loi dispose pour affaiblir le péché est de le punir, mais cela n'empêche pas que le crime reste crime et le pécheur reste pécheur.

Il faut toutefois tenir compte du fait que la loi tend un autre piège encore plus dangereux. Le risque présenté réside en ceci que la loi nous ouvre l'abîme de la volonté et de la justification. En effet, on ne peut pas oublier que personne n'est justifié par *les œuvres de la loi* (Rm 3, 20), mais Paul, dans Rm 3, 28, emploie le mot « justification » même par rapport à la foi : « car nous pensons que l'homme est justifié par la foi sans les œuvres de la loi ». Si le concept juridique sous-jacent au terme de « justification » finit par transcender ses propres frontières et aller de pair avec l'instance de la foi et de la grâce, ne sommes-nous pas en présence d'un risque fondamental, soit celui de la force de la loi qui est si grande qu'elle assujettit aussi la gratuité qui s'oppose à toute légalité, dont parle Paul dans Rm 3, 24 ?

Ce risque semble rejoindre le paradoxe de la volonté puisque d'après Rm 7 : « je ne fais pas le bien que je veux, et je fais le mal que je ne veux pas. Et si je fais ce que je ne veux pas, ce n'est plus moi qui le fais, c'est le péché qui habite en moi. Je trouve donc en moi cette loi : quand je veux faire le bien, le mal

---

[19] J'ai tiré cette idée de R. Smend et U. Luz, *Gesetz*, Kohlhammer, Stuttgart-Berlin-Köln-Mainz 1981, p. 95.

est attaché à moi » (Rm 19, 21). On pourrait confier la solution de ce paradoxe au *topos* évangélique selon lequel l'esprit est bien disposé mais la chair est faible. Néanmoins dans l'Épître aux Romains il ne s'agit pas d'une antithèse extérieure à la volonté, par rapport à laquelle cette dernière ne saurait être que l'un des deux termes du conflit. Le paradoxe, à ce propos, tient à ce que le clivage est tout à fait intérieur à la volonté elle-même. Pourquoi, tout en visant à faire le bien, le sujet finit par accomplir le mal et s'opposer à la loi ? Peut-être parce que là où se trouve la volonté, il doit y avoir la liberté et cette liberté tend à s'identifier à l'autonomie, soit à la capacité de se donner sa propre loi. Cela signifie que devant la loi tout sujet finit par se justifier et donc par rétablir ce qui fait le paradoxe de la volonté qui vise au bien mais accomplit le mal, soit une justification conçue de façon légaliste.

Une des raisons les plus cachées et cependant la plus décisive du fait que lorsqu'il y a la loi, il y a le péché, est que la loi pousse le sujet à tomber dans le pharisaïsme sur deux plans à la fois. D'une part, parce que, bien qu'en voulant le bien, le sujet accomplit le mal, en retombant sur la mauvaise conscience qui caractérise toute attitude pharisaïque. D'autre part, encore plus inexorablement, puisque la confrontation avec la loi aboutit aussi à la bonne conscience du pharisaïsme, c'est-à-dire la conviction d'être dans le juste, d'être justifiés face à la loi au moyen de la loi elle-même. Où que la loi se donne, le péché l'accompagne car, devant la loi, le sujet veut s'auto-justifier.

Pour relier cette trace argumentative au thème précédent, il n'est pas difficile, au point où nous en sommes, de reconnaître dans le caractère auto-mystificateur de la posture de l'entendement le symptôme de l'attitude pharisaïque encouragée par la loi. C'est justement parce que l'entendement reconnaît dans la *Gesetzmäßigkeit* le principe de sa propre autonomie que lui aussi présente à la fois la mauvaise et la bonne conscience du pharisaïsme ; la mauvaise puisque, tout en croyant agir conformément à la liberté, il n'est que l'esclave de la légalité ; la bonne parce que de ce fait il croit atteindre la légitimité incontestable du *titulus* sous-jacent à ses connaissances. Il faut donc remarquer que Hegel insistait aussi sur le caractère auto-mystificateur de l'entendement. L'abîme de la volonté, en ce sens, reflète précisément l'abîme vers lequel l'entendement se dirige lorsque, en sauvegardant de façon obstinée sa propre autonomie, il est si autonome qu'il produit seul l'illusion de soi, dans la tentative solitaire de sa propre *auto*-fondation.

Dans ce contexte, comme Karl Barth l'a remarqué et tout aussi paradoxal que cela puisse sembler, même l'apôtre Paul est pharisien : « Donc un pharisien ? Oui, un pharisien, bien que d'un ordre supérieur, un homme mis à part, un homme différent ».[20]

Si devant la loi tout sujet tombe dans le pharisaïsme, pour Paul ça doit être bien évidemment la prise de conscience du pharisaïsme qui pousse vers la grâce et la foi. Cela n'empêche pas, cependant, que le paradoxe du pharisaïsme reste toujours, puisque, même si l'on est tous pharisiens, tout sujet le sera toujours trop ou trop peu. Trop peu parce que la mauvaise conscience, qui n'est pas transparente à elle-même, est néanmoins pharisienne. Trop car la prise de conscience de son propre pharisaïsme, qui se justifie devant la loi mais aussi, selon sa propre radicalisation, devant elle-même, voudrait épuiser la duplicité du génitif (justification *de* soi) de façon toute puissante, ce qui signifie que le Soi croit pouvoir se poser autant comme sujet que comme objet.

4. *La loi, le jugement et Jésus*

Comme Hans Jonas le remarque dans sa lecture, la loi ouvre, selon Rm 7, 7-25, un abîme dans le cœur de l'homme et par conséquent elle y produit aussi le péché. La loi est néanmoins bonne et sainte, selon Jonas, parce que c'est justement l'abîme qui dévoile à l'homme sa propre liberté. Toutefois, si le respect formel de la loi produit la mauvaise conscience du pharisaïsme, son respect selon l'esprit et la conscience ne peut donc pas non plus se soustraire au risque de tomber sur la bonne conscience du pharisaïsme. Même si la conscience que nous avons de notre

[20] K. Barth, *L'épître aux Romains* (1919), trad. fr. Chr. Chalamet, Labor et Fides, Genève 2016², p. 35.

propre liberté est la condition d'une véritable attitude morale, la loi, selon Jonas, continue à nous opposer un noble écueil. Une confrontation authentique avec la loi implique, en effet, que la conscience devienne conscience de soi en scrutant dans l'intériorité de l'homme, comme si cette dernière pouvait être un miroir, mais c'est pour cette raison qu'il n'est pas facile de déjouer le péril de l'autojustification, et donc de l'auto-absolution et de l'auto-complaisance. Puisque la liberté est essentiellement le produit d'elle-même, elle fait en sorte de fournir, à côté de la véracité, la fausseté. Toujours selon Jonas, la loi nous tend un noble piège. Une confrontation authentique avec la loi implique en effet l'autoconscience et l'autoréflexion mais à partir de là il ne sera pas facile de déjouer le danger de l'autojustification, donc de l'autoabsolution et de l'autocomplaisance.

Une fois que le sujet a pris conscience du danger, le surplus de surveillance que le risque impose peut finir par faire céder le sujet à la tentation de l'autojustification, selon une spirale sans issue qui, comme Jonas le dit, fait de la liberté devant la loi un véritable piège[21].

Le mot clé, pour rendre compte de l'abîme qui s'ouvre dans la subjectivité en relation à la loi, est le préfixe *auto-* et le pronom *autos*, de soi-même, tout seul, sous lequel se place aussi l'option kantienne de l'auto-législation de la raison. La loi nous rend pharisiens car devant la loi on est toujours seul.

De cette manière et à ce stade, on peut repérer une nuance ultérieure dans le vers de Goethe, selon lequel seulement la loi nous donne la liberté. Dans la relecture hégélienne, cette liberté, loin d'être un piège qui condamne le sujet à auto-justifier sa propre autojustification à l'infini, peut toutefois limiter et, donc, interrompre la spirale de la justification.

Il faut se demander, par conséquent, si, chez Hegel, les termes pour une confrontation avec la loi, qui puisse se soustraire au pharisaïsme et libérer la pensée de sa solitude, existent. De ce point de vue, alors qu'un penseur tel que Jonas

---

[21] Voir H. Jonas, *Philosophische Meditationen über Paulus, Römerbrief, Kapitel 7*, in *Zeit und Geschichte. Dankesgabe an Rudolf Bultmann zum 80. Geburtstag*, éd E. Dinkler, Mohr, Tübingen 1964, p. 557-570.

voit dans la réflexion de Paul sur le pharisaïsme une critique plus radicale et décisive que celle de Jésus, Hegel, dans l'*Esprit du christianisme*, semble par contre valoriser la position de Jésus, en particulier celle qui est décrite dans l'Évangile de Jean. Du point de vue de Jonas, la critique de Jésus ne serait qu'une critique occasionnelle de la mauvaise conscience pharisienne, donc un simple reproche, tandis que celle de Paul serait une critique systématique et bien fondée de la loi, d'où proviendrait par conséquent la confession d'un pharisaïsme existentiel qui, en dévoilant les ambiguïtés de la liberté, serait donc en mesure de diriger une conversion à la grâce.

Dans un premier temps, Hegel aussi distingue la position de Jésus de celle de Paul, car il cite au moins deux endroits décisifs de l'Évangile et démontre une certaine distance par rapport à Paul, étant donné que l'*Esprit du christianisme* et tout le *corpus* hégélien passent sous silence l'Épître aux Romains.

Cela nous permet de soupçonner légitimement que le lieu où Hegel se confronte indirectement avec les problèmes posés par la réflexion paulinienne est justement l'*Esprit du christianisme* mais que, dans ce texte, comme Paul n'est jamais cité *apertis verbis*, il fait jouer la position de Jésus *contre* celle de l'apôtre en lui conférant un rôle paradigmatique.

Un premier élément général représentant la perspective de Jésus face au cadre de la pensée paulinienne se trouve dans le fait que chaque fois que Jésus se confronte au thème de la loi, il n'est pas seul. Comme l'évangéliste de Jean le met en lumière (Jn 5, 19) : « Le Fils ne peut rien faire de lui-même (*eautou*) », puisqu'il est en effet toujours avec le Père.

Dans ce contexte, qui se situe bien évidemment à l'opposé du sujet paulinien se pensant seul et au singulier, il semble que, dans l'*Esprit du christianisme*, l'institution qui permet une confrontation efficace à la loi est le jugement. Ce n'est pas un hasard si Hegel, au fil du texte, mentionne deux lieux apparemment antithétiques, qui rendent compte, par là même, de la dialectique de la loi.

Dans l'*Esprit du christianisme*, il cite à propos du jugement deux passages apparemment opposés du Nouveau Testament. Il s'agit de Mathieu 7, 1 : « Ne jugez point, afin que vous ne soyez point jugés », et de Jean 5, 22 : « Le Père ne juge personne, mais il a remis tout jugement au Fils ». Cela signifie, comme on va le voir, que Jésus juge et ne juge pas en même temps et donc que Hegel valorise, au niveau spéculatif, la pratique et l'expérience de Jésus envers la loi.

Mais pourquoi dit-on que l'institution centrale, afin de séparer la loi du pharisaïsme, est le jugement ? Il y a à cela deux raisons principales. La première raison, plus générale, vient du fait que Hegel attribue au jugement, en tant qu'institut linguistique, une valeur théorétique. D'ailleurs, on sait bien que le thème du jugement est un thème central de la philosophie hégélienne, où le jugement, selon un *topos* tiré de Hölderlin, est d'abord l'expression d'un *Ur-theil*, soit d'une séparation[22]. La deuxième raison, plus spécifique, concerne la confrontation de Jésus à la loi, qui acquiert une signification spéculative. En effet, elle démontre le double registre du jugement, qui est d'une part la *de-liberatio* juridique et d'autre part la forme de base grâce à laquelle la pensée peut connaître et s'exprimer.

Dans la mesure où le jugement est, en premier lieu, une séparation, on peut supposer que la solution de l'antithèse apparente selon laquelle, tout en prêchant l'abstention de tout jugement Jésus est celui auquel tout jugement est remis, mais aussi celui qui suggère la centralité de l'institut du jugement, réside en ceci que le jugement peut séparer la loi et le pharisaïsme et donc dissocier la pensée du légalisme. En d'autres termes, en tant qu'institut à la fois juridique et gnoséologique, le jugement est le dispositif qui permet d'éviter l'aplatissement de la dimension cognitive sur la dimension légale, où la première prend toutefois appui. En tant que pont entre l'ordre théorétique et celui juridique, le jugement consent à la pensée de se différencier de la légalité, qui fait néanmoins l'objet de son propre commencement.

---

[22] Il faut remarquer qu'à ce propos Hegel tire son inspiration d'une intuition de Hölderlin, qui avait rapporté, dans *Urteil und Sein* (qui date probablement de 1795), la signification du mot allemand *Urteil* à celle de *Ur-Theilung*, à savoir la partition originaire, cf. F. Hölderlin, *Sämtliche Werke*, éd. F. Beißner, 8 tomes, Stuttgart, Kohlhammer, 1951, II, p. 591.

Pour suivre le fil caché de la réflexion hégélienne, il faut donc, tout d'abord, analyser la façon dont Jésus exerce son autorité par rapport au jugement.

Lors de la confrontation de la pensée et de la loi qui va ouvrir la possibilité d'une réconciliation, le jugement est donc une étape incontournable. Même si, d'une part, le jugement se place aux antipodes de l'amour incarné par Jésus, il est aussi le pont vers la logique de la loi qu'il faut créer pour s'affranchir de la loi elle-même.

Dans le premier cas, le jugement a une signification qui provient du lexique juridique, tout d'abord puisque ce n'est que face au juge qu'une affirmation peut être considérée comme vraie ou fausse. Encore une fois, on peut noter la dérive du moment gnoséologique vers celui juridique. À partir de ce point de vue, le jugement est une séparation dans la mesure où il préfigure la sentence qui suit la décision. Comme Hegel le rappelle à maintes reprises, la signification littérale du verbe allemand *urteilen* est en rapport avec la séparation d'une unité originaire (*Ur-Theilung*). Le terme *urteilen*, à la différence du latin *iudicare*, est plus proche de l'axe sémantique du verbe grec *krinein*, langue dans laquelle la signification de *décider* et d'*accuser* relève de la signification principale qui vise tout d'abord à l'acte de *séparer*, *distinguer* et finalement de *décider*.

Dans la logique de la loi, les deux significations du mot, celle de *décider/accuser* et celle de *distinguer/séparer*, tendent à se confondre.

Le texte hégélien lui-même semble mettre en lumière cette tendance. Face à l'esprit du judaïsme qui crée un abîme entre vie et faute, tout comme entre faute et pardon, l'esprit de l'amour, permettant la réconciliation, établit en revanche un lien à l'intérieur de l'homme entre crime et réconciliation. Ce lien déchaîne dans l'esprit de la séparation une réaction fortement hostile. « Lorsque leur haine avait la forme d'un jugement, une telle idée d'un lien entre péchés et réconciliation en l'homme [l'amour] devait être pour eux l'idée d'un fou (*der Gedanke eines Wahnsinniges*) » [*W* I, p. 355 ; *Esprit* p. 162]. Si la forme du jugement fait allusion à l'épisode de Pilate qui remet la condamnation à la foule, le fait que l'attitude de Jésus soit perçue comme la pensée d'un fou signifie que, aux yeux de la logique de la loi, une pensée qui veut dépasser la légalité se poserait en dehors de la pensée tout simplement.

Face au pharisaïsme, qui est une déclinaison particulière du légalisme, Jésus oppose un amour qui reconnaît tout d'abord le besoin, ce qui signifie que, selon l'amour, la récompense se soustrait à toute logique quantitative envers le mineur ou majeur respect de la loi. Dans le cadre de l'amour « le concept est repoussé par la vie », et cela n'est pas une perte en universalité, mais « un vrai gain infini de par la richesse des relations vivantes avec les individus ». « L'esprit de réconciliation (*Geist der Versöhnlichkeit*), sans motivation hostile en soi, tend à supprimer l'hostilité de l'autre » [*W* I, p. 328 ; *Esprit*, p. 131]. « L'amour ne laisse pas le juge mesurer son droit, mais il se réconcilie, sans aucun égard pour le droit » [*W* I, p. 328 ; *Esprit* p. 132]. L'amour excède la logique distributive de la récompense et de la peine, donc la punition, autant que la réussite, ne sont pas des choses qui peuvent se mériter, à proprement parler. L'accomplissement de la justice doit par conséquent reconnaître un *plus* en vertu duquel la loi, vu son manque, devient superflue grâce à l'amour.

À ce stade, on assiste à l'importance décisive du *nolite iudicare* (Lc 6, 37). Le refus irréductible de toute réconciliation et le reniement obstiné de son lien avec le péché prennent la forme d'un jugement qui semble être le dispositif linguistique utilisé pour transformer l'objet de l'énonciation en quelque chose d'abstrait. « L'acte de rendre un jugement est un acte de juger, le fait d'établir l'égalité ou l'inégalité, la reconnaissance d'une unité pensée ou d'une opposition qu'on ne peut unifier » [*W* I, p. 378 ; *Esprit*, p. 193]. Le jugement est l'outil privilégié de la loi parce qu'il permet d'appliquer celle-ci dans la mesure où il sépare l'individualité de l'universalité et subsume la première sous la deuxième.

> Cette subsomption des autres sous un concept qui est présenté dans la loi peut être nommée une faiblesse, car celui qui juge n'est pas assez fort pour les supporter totalement, mais il les partage et ne peut endurer leur indépendance, il les prend non pas tels qu'ils sont, mais tels qu'ils devraient être ; par ce jugement, il se les a soumis en pensée car le concept, l'universalité est sienne [*W* I, p. 335 ; *Esprit* p. 140].

La dernière citation contient une nuance à laquelle on ne peut pas échapper. La légalité de la pensée, qui s'applique à travers le jugement, ne supporte pas une autonomie qui ne soit pas la sienne. En s'assujettissant à la loi, elle s'assujettit aussi toute entière à elle-même. Ce qui n'est pas unifié dans la pensée est donc chassé en dehors de la logique et banni de la sphère du droit. Afin de désamorcer ce mécanisme apparemment inéluctable, il faut assumer l'attitude opposée. Si la logique de la loi bannit du *logos* tout ce qui excède la légalité, une pensée qui veut aboutir à la réconciliation doit en revanche adopter la stratégie de la confrontation et de l'inclusion. Il s'agit d'une opération très particulière et difficile. La pensée dialectique doit déceler la pensée qui est à la base de la logique de la loi pour soustraire la logique du domaine de la légalité.

Cet esprit de Jésus élevé au-dessus de la moralité se montre immédiatement tourné contre les lois dans le sermon sur la montagne, qui est une tentative menée sur plusieurs exemples de lois d'ôter aux lois le légal, la forme des lois, en ne prêchant pas le respect pour celles-ci : en montrant plutôt ce qui les accomplit mais les supprime en tant que lois. [*W* I, p. 324 ; *Esprit*, p. 127].

En d'autres termes, l'enjeu philosophique de la confrontation avec la loi est le suivant : il s'agit de séparer le *logos* de la légalité pour lui restituer sa liberté et rendre possible une réconciliation qui repose sur la grâce et le pardon. C'est en ce sens précis que le jugement trouve une vitalité renouvelée, qui excède la simple subsomption. Ce n'est pas un hasard si Hegel, tout en ayant remarqué la centralité du *nolite iudicare*, cite le passage apparemment opposé de Jean 5, 22 : « Le Père ne juge personne, il a remis tout jugement au Fils ». Il semble que la renonciation au droit exige un passage par lequel on doit donner au jugement une signification nouvelle. L'activité diaïrétique du jugement peut servir à abandonner la légalité du droit dans la mesure où elle peut détacher le *logos* de la loi.

Mais pourquoi, si l'on ne doit pas juger, le Père a cependant remis le jugement au Fils ? Dans le texte grec, le mot employé à cette occurrence est *krisis*, qui, dans l'usage principal du Nouveau Testament, renvoie au thème de la parousie et du jugement universel. En effet, peu après, Hegel cite aussi Jean 3, 17 : « Dieu, en effet, n`a pas envoyé son Fils dans le monde pour qu'il juge le monde, mais pour que le monde soit sauvé par lui ». Dans la version allemande de Luther, juger est traduit par *richten*, sauver par *retten*. Même si le terme employé est dans ce cas *richten*, et non pas *urteilen*, on ne peut ignorer la source grecque, où le *krinein* a la signification précise de séparer, discerner, soit *urteilen*. Dans l'*Esprit du christianisme*, où la réflexion sur le jugement est menée dans le cadre d'une critique du légalisme, on ne peut résoudre immédiatement la contradiction apparente entre les deux passages néotestamentaires en renvoyant le *Richten* de Jean 5, 22 en entier au thème du *Jüngstes Gericht*. Il faut plutôt laisser la possibilité de voir dans cette divergence apparente la manière dont la pensée peut dépasser le légalisme tout en s'affranchissant de la logique d'opposition et de séparation qui est propre au légalisme. « Le fils de Dieu ne juge pas, ne partage pas, ne sépare pas, il ne maintient pas de l'opposé dans son opposition » [*W* I, p. 378 ; *Esprit* p. 193].

Il va sans dire qu'il est impossible d'épuiser un thème aussi vaste que celui-ci. En ce qui concerne le sujet de cette étude et ce qui tenait à cœur à Hegel, il faut voir dans la posture philosophique que l'on est en train de décrire l'héritage de l'esprit du christianisme. Dans ce cadre, Hegel s'intéresse à la façon dont Jésus fait usage des termes *krinein* et *krisis* afin de montrer qu'il juge et qu'il ne juge pas en même temps. Mais comment se fait-il que Jésus puisse juger et à la fois ne pas juger ?[23]

Un des exemples possibles pour illustrer cette ambiguïté fondamentale est Jean 8, 20. Il s'agit d'une confrontation entre Jésus et les pharisiens, lesquels, après l'avoir entendu dire : « Je suis la lumière du monde », l'accusent d'avoir formulé un faux témoignage. Selon une intuition relativement vraie mais à leurs yeux très suspecte, ils envisagent que son témoignage est faux puisque Jésus témoigne de soi en évoquant sa propre et seule

---

[23] Cf., sur ce thème, B. Papasoglou, *Juger – ne pas juger. Au risque de la contradiction*, in *Studi del terzo convegno RBS. International Studies on Biblical and Semitic Rhetoric*, éd. R. Meynet et J. Oniszczuk, Gregorian & Biblical Press, Roma 2013, p. 169-186.

responsabilité. Au lieu de se défendre face à cette accusation en revendiquant la *novitas* de son affirmation, Jésus semble observer la loi selon laquelle un témoignage pouvait être accueilli au tribunal seulement s'il était confirmé par un autre témoignage identique. Selon Jean 8, 16, il dit : « Je ne suis pas seul ; mais le Père qui m'a envoyé est avec moi ».

Il ne s'agit pas d'une réaction dictée par l'opportunité. Au contraire, en accueillant les soupçons et les accusations des pharisiens, il veut montrer que la vérité du légalisme dépasse le légalisme lui-même. Il est évident qu'à partir du moment où l'autre témoin est le Père, la conformité du témoignage du Fils a une signification qui excède sa validité simplement juridique. Lorsque les pharisiens lui demandent par conséquent : « où est ton Père ? », il répond en effet : « Vous ne connaissez ni moi, ni mon Père. Si vous me connaissiez, vous connaîtriez aussi mon Père ». En continuant à insister, face au jugement des pharisiens, sur le dépassement du légalisme à partir du légalisme lui-même, Jésus ajoute : « Moi, je ne juge personne. Et si je juge, mon jugement est vrai (*alēthinē*) », parce que « je ne suis pas seul, mais le Père qui m'a envoyé est avec moi ». Cette affirmation sert, d'une part, à prouver la validité de son témoignage face à la loi, et d'autre part, une fois associée à sa capacité de juger, elle vise à montrer le superflu de sa validité juridique. Cela signifie donc qu'il y a un aspect selon lequel l'acte du *krinein*, dans sa signification originale de séparation, contient un sens qui doit être maintenu, mais ce sens ne doit pas être entendu selon l'unilatéralité que le légalisme lui confère. Jésus, en valorisant le caractère diaïrétique du jugement, s'éloigne du légalisme.

La validité de son jugement, en effet, ne relève plus de la légalité, mais de la vérité : son jugement est, comme on l'a déjà vu, *alēthinē*.

Il est probable que cette référence à la dimension du vrai mette en rapport l'attitude de Jésus avec la dimension de la *martyria*. Selon le lexique juridique, les pharisiens auraient dû l'interroger pour prétendre de lui une admission de la fausseté de son témoignage, c'est-à-dire une confession selon le sens du mot grec *homologia*. Dans la plupart des cas, lorsqu'il s'agit de mentionner le fait que la communauté juive puisse reconnaître en Jésus le messie, le Nouveau Testament emploie le terme *homologia* ou le verbe *homologein* (cf., par exemple, Jean 9, 22 ou Jean 12, 41-43)[24]. Il s'agit, comme on le sait, du terme grec qui définit la confession, même implicite, d'une faute. La *homologia* ne perd pas sa validité juridique, même si l'accusé se tait (d'où le principe de la juridiction romaine selon laquelle qui se tait consent). Probablement Pilate interroge Jésus en suivant ce principe de la juridiction grecque, qui existe aussi dans le droit romain[25].

Face aux questions de Pilate, qui l'interroge pour vérifier la véridicité des accusations qui lui sont imputées, Jésus réagit, du moins en partie, en acquiesçant, ce qui fait partie de la *homologia*, reconnue par la procédure des tribunaux. Pilate lui dit : « Tu es donc roi ? ». Jésus répond : « Tu le dis, je suis roi ». Néanmoins il conclut : « Je suis né et je suis venu dans le monde pour rendre témoignage à la vérité. Quiconque est de la vérité écoute ma voix ». Bien que dans le cadre qui semble reconnaître, du moins relativement, les instances posées par la loi, la référence à la *martyria* implique la référence à une dimension qui excède le périmètre d'un débat judiciaire, qui est celle de la vérité. Le témoignage de la vérité, face aux constatations du tribunal, dit que la vérité a en soi un caractère révélateur. Le couple *homologia/martyria*, grâce auquel Jésus glisse de la dimension de la légalité à celle de la vérité, rend compte de la façon dont, tout en reconnaissant une certaine valeur au jugement, il en fait usage pour dépasser le légalisme. Étant donné qu'il le désamorce depuis l'intérieur, sa façon de se rapporter à la loi est son *pleroma*.

Comme Hegel le souligne, en effet, le Père ne juge pas, et son Fils, qui est un avec son géniteur, ne juge pas non plus. Néanmoins, « en même temps le Fils a aussi reçu la puissance et le pouvoir (*die Gewalt und die Macht*) de juger parce qu'il est fils de l'homme » [*W* I, p. 379 ; *Esprit* p. 193]. L'idée

[24] À ce propos, voir Ph. Büttgen, *Une autre forme de procès. La vérité et le droit dans l'exégèse du Nouveau Testament*, « Revue de l'histoire des religions », 3 (2015), p. 325-338.

[25] Cf. A. Maffi, *La confessione giudiziaria nel diritto greco*, in *L'aveu. Antiquité et Moyen Âge*, éd. J.-C. Maire Vigueur, Publications de l'École française de Rome, Roma 1986, p. 7-26.

centrale est que la faculté de juger, une fois spéculativement conçue, n'est pas simplement la force de la séparation. Elle est plutôt la force de séparer et en même temps celle de lier. Cela signifie, après avoir reconnu l'unité du Père et du Fils que le légalisme ne peut pas supporter, que le Fils a aussi, en vertu de son lien avec le Père, le pouvoir de délier.

La mesure selon laquelle le Fils, bien qu'il ne juge pas selon la signification exclusivement juridique du terme, peut néanmoins juger, relève du fait qu'il sait que le pouvoir de juger représente en même temps le pouvoir de lier et de délier. « C'est dans le divin qu'est fondée sa puissance (*die Macht*) de lier et de délier (*zu binden und zu lösen*) » [W I, p. 379 ; *Esprit*, p. 194]. Le caractère diaïrétique du jugement gagne en valeur véritative lorsqu'il est conçu non pas de manière exclusive et unilatérale, mais en tant que l'autre face du pouvoir de lier.

La condition du dépassement du légalisme se donne au moment où la logique de la séparation, qui appartient constitutivement à toute loi, s'allie à la possibilité de réconciliation ; c'est pour cela que Jésus juge et en même temps ne juge pas. Il ne juge pas parce qu'il ne condamne pas et ne s'oppose pas, mais juge parce qu'il sépare le jugement lui-même du légalisme. Il s'agit par conséquent d'un jugement qui n'est plus un jugement parce qu'il dépasse l'unilatéralité de l'*Urtheilung* presque en la radicalisant (ainsi on peut voir comment ce dépassement a lieu de l'intérieur). Il exploite le pouvoir de séparation du jugement pour produire les conditions de la réconciliation.

1. *La langue dure d'Israël entre Hamann, Kant et Luther*

Si le thème du jugement est déterminant pour comprendre la position de Hegel par rapport à celle de Paul, il est nécessaire d'approfondir la question du rapport entre loi et parole, étant donné que le jugement a une valeur juridique et gnoséologique en tant qu'institut linguistique.

Si on adopte ce point de vue, on comprend aisément que, outre le thème de la relation entre l'esprit de la loi et celui de l'amour, la confrontation entre le langage de l'Ancien et celui du Nouveau Testament est l'un des thèmes fondamentaux et le passage suivant l'exprime de façon très claire.

> Parmi les évangélistes, c'est Jean qui parle le plus du divin et de la liaison de Jésus avec lui ; mais la culture juive, si pauvre sur le plan des relations spirituelles, forçait [Jésus] à se servir, pour ce qu'il y a de plus spirituel (*das Geistigste*), de liaisons objectives (*objektive Verbindungen*), d'un langage de la réalité, lequel a pour cette raison des consonances souvent plus dures que si on voulait exprimer des sensations dans un style commercial (*in dem Wechselstil*) [*W* I, p. 371 ; *Esprit*, p. 184].

La référence est là encore faite à l'Évangile de Jean et en particulier à son *incipit* comme dans le cas de la confrontation entre langues testamentaires. On peut donc se demander si la référence au Jésus de Jean peut justifier la liaison entre loi et parole. En d'autres termes, on doit donc vérifier si (et comment) le problème du langage entretient un rapport avec celui de la loi. Pour approfondir cette interrogation, citons un autre passage.

> Le début de l'évangile de Jean contient une série de propositions thétiques qui s'expriment dans une langue plus authentique (*in*

eigentlicherer Sprache) sur Dieu et sur le divin ; c'est user du plus simple langage de la réflexion que de dire : au début *était* le Logos, le Logos était auprès de Dieu, et Dieu *était* le Logos ; en lui *était* la vie. Or ces propositions n'ont que l'apparence trompeuse (*der täuschende Schein*) de jugements, car les prédicats ne sont pas des concepts, de l'universel, comme l'expression d'une réflexion dans des jugements en contient nécessairement ; bien plutôt, les prédicats sont eux-mêmes à nouveau de l'être, du vivant [*W* I, p. 373 ; *Esprit*, p. 185].

À partir de ces deux citations, on peut remarquer la présence de certains éléments problématiques. Dans le premier passage, on lit que la langue de l'Ancien Testament *lautet hart* mais aussi que ce qui la distingue des autres est son *Wechselstil*. J'utilise la langue originale car, dans les deux cas, toute traduction risque de restituer de façon unilatérale le caractère énigmatique de ces remarques. Par contre, dans le second cas, il est nécessaire de clarifier l'idée selon laquelle le début de l'Évangile de Jean propose un langage plus approprié dans la mesure où il est constitué de propositions qui n'ont que l'apparence trompeuse du jugement, mais qui ne sont déjà plus l'objet d'un véritable jugement. Il est temps de nous demander : quel est le jugement qui, tout en ayant l'apparence du jugement, n'est pas un jugement ? Nous essaierons plus tard de répondre à cette question. Commençons par dégager l'enjeu philosophique des passages cités.

Puisque le langage du commencement de l'Évangile de Jean est *eigentlicher*, l'emploi de la forme comparative, au-delà de la logique contrastive qui semble animer la remarque, démontre que pour comprendre la langue du Nouveau Testament il faut tout d'abord envisager les limites de celle de l'Ancien. Cela signifie que, chez Hegel, le *plus* spéculatif définissant la langue de Jean n'obtient sa signification que par rapport au langage vétérotestamentaire. Nous soulignons cet aspect car, comme dans le cas de la loi, le problème du langage dévoile que, tout en devant être dépassé, l'Ancien Testament représente un exemple paradigmatique et incontournable qui conserve une vitalité herméneutique profonde. En d'autres termes, cela signifie que pour comprendre la position de Hegel sur l'Ancien et le Nouveau Testament, il faut dans tous les cas envisager leur *relation*.

En premier lieu nous nous concentrerons sur le premier point cité, la dureté du langage vétérotestamentaire, c'est-à-dire le fait qu'il a des résonances souvent plus dures que lorsque les sentiments sont exprimés dans un *Wechselstil*.

Selon Hegel le langage de l'Ancien Testament résonne *hart*, mais qu'est-ce que cela signifie ? La traduction française rédigée par Olivier Depré peut nous venir en aide : le fait que cette langue ait « des consonances dures » renvoie à un *topos* interprétatif que Hegel hérite de Hamann, comme on peut le constater en se concentrant sur un passage de sa production de la maturité.

Dans le *Zusatz* au paragraphe 246 de l'*Encyclopédie* de 1830, Hegel cite en effet des mots tirés d'une lettre que Hamann avait adressée à Kant vers la fin du mois de décembre 1759 : « Die Natur ist ein hebräisch Wort, das mit bloßen Mitlauten geschrieben ist, zudem der Verstand die Punkte setzen muss »[26].

Pour valoriser la pertinence de cette citation de Hamann au sujet de la façon d'être de la langue hébraïque, il faut développer deux remarques. D'une part, comme nous l'expliquerons de manière plus détaillée, la mention de la lettre de Hamann à propos de la langue de l'Ancien Testament se trouve dans un cadre qui, encore une fois, mélange la philosophie kantienne et l'interprétation de la Genèse. D'autre part, il faut envisager que Hamann lui-même, dans le passage cité par Hegel, hérite d'un *topos* provenant de la réflexion de Luther au sujet de langue hébraïque qui doit aussi avoir influencé Hegel, bien que de façon indirecte.

La citation de Hamann (§ 246, *Zusatz*) se trouve dans la partie consacrée à la philosophie de la nature. Dans ce contexte, Hegel emploie à nouveau le terme, dont la signification est connotée comme kantienne, de « Kluft », qui indique ici l'abîme entre le sujet et l'objet selon le point de vue d'une

[26] J.G. Hamann, *Briefwechsel*, éd. W. Ziesemer et A. Henkel, 7 tomes (tomes 4-7 éd. A. Henkel), Insel, Frankfurt a.M. 1955-1979, I, p. 450.

philosophie de la nature. Mais pourquoi cette séparation, dans le domaine de la nature, est présente à tout moment ?

Hegel souligne, tout d'abord, que l'attitude théorique fait un pas en arrière (*tritt zurück*) par rapport aux choses de la nature. Afin d'atteindre aux choses naturelles, il faut admettre en effet qu'elles sont telles qu'elles sont ; cela implique, bien évidemment, une prise de distance propre à toute posture théorique. Néanmoins, cela veut dire que, lorsque l'on se rapproche de la nature d'un point de vue gnoséologique, le fait de voir, de sentir et même de renifler devient l'expression d'un esprit pensant. Donc même si l'on veut laisser les choses libres d'être telles qu'elles sont, et donc de s'en remettre à la perception, elles s'offrent néanmoins à un outil qui est déjà médiatisé. Lorsque l'on essaie de connaître les choses naturelles, elles se donnent à nos yeux sous l'ordre de l'universel. Par conséquent, la plénitude du naturel se transforme en universalités rigides (*verdorrt*) et sans figure (*gestaltlos*) qui appartiennent à la pensée. De ce fait, l'attitude théorique rentre en contradiction avec elle-même. Tout en visant à connaître la nature telle qu'elle est en soi, c'est-à-dire la percevoir et la considérer comme vraie (*wahrnehmen*, selon l'ambiguïté de la signification du verbe sur laquelle Hegel avait insisté dans le deuxième chapitre de la *Phénoménologie*), on transforme la nature en quelque chose de tout à fait différent de ce qu'elle serait en dehors du regard humain. Les choses (*die Dinge*) sont donc, sans aucun doute, singulières, tandis que, pour pouvoir les penser, nous sommes obligés de les rendre universelles, comme l'exemple hégélien selon lequel le lion, en général et tel que nous le pensons, n'existe nulle part, le montre.

Il faut souligner d'ores et déjà que l'exemple du lion renvoie précisément au passage où Hegel, toujours dans l'*Encyclopédie*, explique la façon dont le langage transforme les choses en signes de l'universel. Il semble donc y avoir une référence cachée dans le paragraphe 246 au rôle joué par la parole dans le processus de la connaissance.

Dans le cas du nom « lion », nous n'avons besoin ni de l'intuition d'un tel animal, ni, non plus, même de l'image, mais le nom, en tant que nous le *comprenons*, est la représentation simple sans image. C'est dans le nom que nous *pensons* [§ 462].

Quel est donc le point le plus problématique ? C'est le fait qu'en pensant les choses, nous les transformons en un élément subjectif qui nous appartiendrait en tant que résultat de notre activité.

Ainsi, comme Hegel le confirme en employant un mot qui est encore une fois lié à la question du langage, on assiste donc à une conversion (*Verkehrung*) à cause de laquelle l'intention initiale, qui visait à connaître la nature telle qu'elle est, se révèle impraticable.

Dans ce contexte, l'objet, tel qu'il est en soi, serait opposé à notre façon de le connaître, c'est-à-dire à un sujet quel qu'il soit. Par conséquent et selon cette posture, le sujet se placerait dans un au-deçà par rapport auquel l'objet serait toujours un au-delà. Il s'agit, bien évidemment, du point de vue kantien, de dire que l'objet en soi demeure à jamais un noumène.

Hegel prend évidemment ses distances de Kant lorsqu'il revendique que le but de la connaissance est de rendre compte de la façon dont la possibilité que l'objet nous appartienne fait partie de l'objectivité elle-même. Le fait que la nature soit un universel à nous ou bien (*aut*) quelque chose en soi que l'on ne pourrait pas saisir véritablement n'est qu'une dialectique fausse et simpliste qui n'envisage pas la manière dont l'expérience *de* l'objet (génitif, objectif et subjectif) fait partie de la vie de l'objet lui-même. L'objectif de la philosophie, par conséquent, est de dépasser la dichotomie inadéquate entre sujet et objet qui produit l'illusion selon laquelle l'objet, tel qu'il est pensé par nous, et l'objet, tel qu'il est librement en soi, seraient deux choses différentes.

Du point de vue de Hegel, le fait que l'objet puisse nous appartenir n'est donc pas une frontière théorique incontournable qu'il faudrait protéger, comme s'il fallait séparer, en suivant Kant, l'objet en soi de la façon dont il apparaît à nos yeux. Comme il l'avait déjà souligné dans le premier chapitre de la *Phénoménologie* consacré à la certitude sensible, c'est déjà l'attitude pratique de l'animal qui dévoile le caractère illusoire de toute chose qui semble n'être qu'une chose fixée dans sa choséité : même les animaux ne sont pas exclus de la sagesse évoquée dans les rites liés aux mystères de Déméter et Dionysos ; « les animaux eux-mêmes ne sont pas exclus de cette sagesse-là, mais font la preuve, au contraire, qu'ils sont très profondément initiés en cette matière, puisqu'ils ne restent pas en arrêt devant les choses sensibles comme devant autant de choses qui seraient en soi, mais, désespérant de cette réalité et pleinement certains de sa nullité, se servent sans autres manières, et les dévorent » [*W* III, p. 91 ; *PhdE*, p. 99]. Par rapport à l'idée métaphysique selon laquelle les choses seraient des entités séparées, comme Hegel le souligne dans l'*Encyclopédie*, « les animaux ne sont pas aussi bêtes que les métaphysiciens [...] car ils se dirigent sur les choses, ils les attrapent, s'en saisissent, les consomment » [§ 246, *Zusatz*].

Cette instance est déjà présente, selon Hegel, dans la narration de la Genèse. La prétention que l'objet est quelque chose en soi, indépendamment de tout sujet, ne correspond en effet qu'à la revendication de l'innocence originaire dans laquelle l'homme vivait avant de manger le fruit de l'arbre de la connaissance. En d'autres termes, la position de Kant serait encore plus unilatérale que celle exprimée par le plus ancien des livres de la Bible, où la connaissance naît en tant que connaissance du bien *et* du mal, ce qui signifie que toute cognition doit prendre en charge ce lien entre les deux. Dès que l'on tombe en dehors de l'entendement intuitif, c'est-à-dire en dehors de la raison divine que Kant appelait entendement archétype, il faut prendre au sérieux, à la fois avec et contre Kant, que la connaissance humaine ne peut être que discursive, ce qui semble avoir au moins deux conséquences.

En premier lieu, l'unité entre l'intuition et l'entendement, loin d'être un point de départ, n'est que le but du processus de la connaissance. En deuxième lieu, pour que l'on puisse atteindre cet objectif, il est nécessaire de valoriser notre savoir comme étant discursif.

Dans la mesure où cet argument implique le fonctionnement du langage, il faut rappeler que les contradictions apparentes propres à l'attitude théorétique, qui aboutissent à une *Verkehrung* de la proposition initiale, renvoient à leur tour au thème du premier chapitre de la *Phénoménologie*, selon lequel le langage « a la nature divine de renverser (*verkehren*) immédiatement l'opinion » [*W* III, p. 92 ; *PhdE*, p. 100].

De ce point de vue, l'universel que l'on attribue aux choses n'est pas une qualité que nous leur ajoutons de façon subjective et donc illicite ; ce qui dévoile le caractère dissolvant de la *Dinglichkeit* en tant que telle est bien que les choses participent à part entière à l'expérience. C'est à ce moment que le *Zusatz* au paragraphe 246 cite les paroles de Hamann que nous avons déjà mentionnées : « Die Natur ist ein hebräisch Wort, das mit bloßen Mitlauten geschrieben wird ».

Mais pourquoi la nature serait un mot de la langue hébraïque composé simplement de consonnes ? Et pourquoi, comme on l'a déjà remarqué dans *L'esprit du christianisme*, la langue hébraïque serait la langue dure par excellence ?

Tout d'abord, Hegel démontre, grâce au passage de Hamann, la pertinence du thème du langage par rapport aux problèmes évoqués auparavant, c'est-à-dire le rapport entre sujet et objet dans la philosophie de la connaissance. Il est donc important, au point où nous en sommes, d'approfondir la raison de ce lien.

Pour comprendre cette problématique, il est indispensable de rappeler que la source de la remarque de Hamann est Luther.

En effet, comme Joachim Ringleben le souligne[27], le passage de Hamann mentionné par Hegel ne peut être compris que si l'on rappelle que chez Luther, « Christus… est vocalis »[28]. Pour commencer, la raison pour laquelle la langue de l'Ancien Testament résonne durement, *lautet hart*, vient du fait que, comme Hamann le déduit de Luther, « Hebrea lingua hat keine vocales. Das ein signum, quod ist lingua sit per se muta, sed Christus in novo testamento est vocalis. Wenn man den hat, so versteht man sie »[29]. Nous observons donc que Hegel s'appuie sur le thème ancien de l'absence de voyelles en Hébreu. Même si Hegel donne de cet aspect une interprétation spéculative, il reformule sans aucun doute une position qui provient de Luther.

---

[27] J. Ringleben, *Gott im Wort*, Mohr-Siebeck, Tübingen 2010, p. 139.

[28] M. Luther, *D. Martins Luthers Werke: kritische Gesamtausgabe* (Weimarer Ausgabe), Weimar 1882-1929, vol. 48, p. 701 (v. 21).

[29] *Ibid.*, p. 20 (*Tischrede* n. 7140).

Le fait que, pour ce dernier, le Christ est vocal ne veut pas simplement dire que la langue du Nouveau Testament soit une langue différente et plus évoluée que la langue juive. Il s'agit plutôt du fait que le caractère vocal du Christ montre que, chez lui, la parole passe du signe écrit au discours vivant. Comme Ringleben le souligne, l'affirmation de Jésus dans Jean 8,6 et 8,8 est fondamentale à ce point de notre argumentation. Face au cas de la femme adultère dont les pharisiens réclament la lapidation, Jésus, tout en étant interrogé par les Pharisiens, « se mit à écrire avec le doigt sur le sol », comme s'il avait voulu mettre en lumière que, face à tout code écrit, il faut faire de la parole un discours vivant, un discours oral où la parole prend vie. Quand les Pharisiens redoublèrent d'insistance, Jésus leur dit : « Que celui d'entre vous qui est sans péché jette le premier la pierre contre elle ». Puis il se baissa de nouveau et se remit à écrire sur le sol. Quand ils entendirent cela, accusés par leur conscience, ils se retirèrent un à un, à commencer par les plus âgés et jusqu'aux derniers ; Jésus resta seul avec la femme. Alors il se redressa et, ne voyant plus qu'elle, il lui dit : « Femme, où sont ceux qui t'accusaient ? Personne ne t'a donc condamnée ? » Elle répondit : « Personne, Seigneur ». Jésus lui dit: « Moi non plus, je ne te condamne pas ; va et désormais ne pèche plus ».

L'Écriture, dans ce cas, est accomplie par les mots de Jésus car ils font l'objet d'une parole vivante, de quelque chose qui est clairement oral, comme Lc 4, 21 le montre, lorsqu'une fois le livre de Isaïe enroulé Jésus affirme : « Aujourd'hui cette parole de l'Écriture, que vous venez d'entendre, est accomplie ». C'est justement le caractère oral et donc sensible de la parole du Christ qui rend la lettre morte une expression vivante de l'esprit. Le fait que le Christ, dans le prologue de l'Évangile de Jean, soit la parole signifie, comme le remarque encore Ringleben[30], que Dieu est le sens, dans la double signification du terme : sensible et spirituel[31].

[30] J. Ringleben, *Gott im Wort*, *op. cit.*, p. 140.

[31] Cf. M. Luther, *D. Martins Luthers Werke: kritische Gesamtausgabe*, *op. cit.*, vol. 17 II, p. 315 (v. 24-26).

2. *La vérité du jugement et la conception spéculative de la parole entre Ancien et Nouveau Testament*

La confrontation entre le langage de l'Ancien et du Nouveau Testament, en particulier au début de l'Évangile de Jean, se joue justement sur cet aspect. En effet, il s'agit de propositions dont les prédicats ne sont pas des concepts abstraits, mais « un étant, un vivant ». C'est pourquoi les jugements, tout en ayant l'aspect de propositions thétiques, n'ont que l'apparence du jugement. Ringleben souligne donc, pour valoriser l'instance paradigmatique attribuée par Hegel à la figure d'Israël, que dans la confrontation entre les langues de l'Ancien et du Nouveau Testament on peut trouver la genèse de l'interprétation spéculative de la proposition formulée *apertis verbis* dans la Préface à la *Phénoménologie de l'esprit*[32].

Si cette confrontation constitue le lieu de naissance des thématiques présentes dans la conception spéculative du langage, cela signifie qu'en plus de sa valeur polémique, elle a une valeur constructive, voire incontournable. D'ailleurs, puisque le pouvoir herméneutique de la grammaire johannique relève du fait que ce n'est qu'un jugement en apparence, on peut imaginer que le trait d'union entre la langue vétérotestamentaire et la position kantienne réside dans le fait que les deux demeurent dans une logique liée au jugement, qui doit toutefois véhiculer un certain pouvoir véritatif. Mais de quelle manière le jugement peut exprimer une partie de la vérité ?

À ce propos on peut réfléchir sur les éléments de la critique formulée par Hegel, dans *Foi et savoir*, à l'égard de Kant, qui aurait eu tort de ne concevoir le jugement que par rapport à la subjectivité. On peut donc continuer notre analyse en nous basant sur deux remarques faites par Jean Hyppolite démontrant toute la difficulté de la tâche de saisir la vérité du jugement. D'un côté, « le jugement est le lieu

---

[32] Cf. J. Ringleben, *Hegels neue Philosophie des Lebens – von der Bibel aus*, in *Die Zukunft des Schriftprinzips*, éd. R. Ziegert, Deutshe Bibelgesellschaft, Stuttgart 1994, p. 75-92, et E. Caramelli, *Eredità del sensibile. La proposizione speculativa nella* Fenomenologia dello spirito *di* Hegel, Il Mulino, Bologna 2015, p. 36sq.

ambigu où la vérité apparaît »[33], mais de l'autre, « le jugement est vérité, car il est coïncidence du concept et de la réalité »[34].

Le subjectivisme présumé, propre à Kant, réside, selon Hegel, dans la position suivante.

> La véritable idée de la Raison est exprimée dans la formule : "comment des jugements synthétiques *a priori* sont-ils possibles ?" Or, il est arrivé à Kant ce qu'il reproche à Hume, je veux dire de n'avoir point, tant s'en faut, pensé ni avec suffisamment de précision, ni dans son universalité cette tâche de la philosophie et d'en être resté (*blieb stehen*) uniquement à la signification *subjective* et extérieure de cette question et d'avoir cru montrer qu'une connaissance rationnelle est impossible [*W* II, 304 ; *FetS*, p. 105].

C'est justement devant le spéculatif que la pensée de l'entendement s'arrête et recule. Cependant, et malgré lui, Kant aurait rencontré le spéculatif dans les jugements synthétiques *a priori*.

L'aspect spéculatif de ce type de jugement, découvert par Kant, réside en ceci que l'ordre hétérogène véhiculé par le jugement synthétique – ce par quoi le sujet est particulier alors que le prédicat est universel, le premier dans la forme de l'être et le second dans la forme de la pensée – est aussi défini *a priori*. La multiplicité apparente présuppose donc une identité antérieure. À cela le texte ajoute que « la possibilité d'une telle position est la seule raison, qui n'est rien d'autre que cette identité de termes ainsi hétérogènes (*solcher Ungleichartigen*) » [*W* II, p. 304 ; *FetS*, p. 105].

Dans ce contexte, on ne peut pas résoudre le problème qui se présente, c'est-à-dire celui de penser la façon dont l'élément de la raison, irréductiblement synthétique et donc historique (l'ajout en vertu duquel le jugement est synthétique et non pas analytique), peut aller de pair avec une position qui, pour sa part, semble présenter un caractère transcendantal au sens large. Pour l'instant, il est suffisant de souligner que par la suite Hegel

---

[33] J. Hyppolite, *Logique et existence*, Presses Universitaires de France, Paris 1961, p. 170.

[34] *Ibid.*, p. 174.

a reproché à Kant d'avoir déduit les catégories de manière superficielle.

Mais d'où vient cette accusation de superficialité ? La catégorie, chez Kant, est ce par quoi l'objectivité de l'objet relève de l'expression de la subjectivité ; le dispositif de la catégorie dévoile par conséquent le caractère illusoire de l'indépendance de l'objet : le sujet donne donc la loi à l'objet, qui présente à son tour une objectivité étant le produit de la subjectivité elle-même. Comme Hegel le souligne dans le premier *Zusatz* au paragraphe 42 de l'*Encyclopédie*, même si on admet que les catégories nous appartiennent on n'est pas autorisés à en déduire qu'elles sont exclusivement à nous.

Le dispositif de catégorie, qui est à la base de toute garantie d'isomorphisme entre notre apparat cognitif et la réalité, implique par conséquent que l'exercice de la raison doit être à la fois spontané et réceptif. Ce n'est pas un hasard si le lieu où Kant découvre la raison, selon Hegel, est l'imagination productive. La véritable idée spéculative, qui réside dans l'imagination productive sans que Kant le sache, est marquée par une « duplicité (*Doppelseitigkeit*) » [*W* II, p. 304 ; *FetS*, p. 107] qui tient au fait qu'elle est la racine commune à l'entendement et à la sensibilité.

> En ce qui concerne ce fait capital que l'imagination créatrice, aussi bien dans la forme de l'intuitionner sensible qu'en celle de la compréhension (*Begreifen*) de l'intuition ou de l'expérience, soit une Idée vraiment spéculative, il peut sembler, puisque l'identité est caractérisée par l'expression d'une unité synthétique, qu'elle présupposerait l'antithèse et aurait besoin de la multiplicité de l'antithèse comme quelque chose lui étant indépendant et possédant son être pour-soi [...] Mais cette seule identité chez Kant est incontestablement l'identité absolue et originelle de la conscience de soi, qui a priori pose absolument le jugement hors de soi, ou qui plutôt apparaît dans la conscience comme identité du subjectif et de l'objectif en tant que jugement. On dit synthétique cette Unité originelle de l'aperception synthétique en raison justement de sa duplicité [*W* II, p. 306 ; *FetS*, p. 141].

Le problème est que Kant, ou du moins Kant tel que l'interprète Hegel, pense les formes de l'intuition et de la pensée en tant que facultés réciproquement isolées et opposées. Face au Je, en tant qu'unité formelle de la multiplicité, le statut des catégories, qui serait censé osciller entre le rapport du penser et la relation entre les choses elles-mêmes, perd de sa nécessité pour devenir contingent et subjectif. De ce fait l'*Urteilskraft,* analysée par la troisième Critique, est réduite au statut de faculté réfléchissante de jugement.

> Kant ne semble pas avoir douté le moins du monde que l'entendement soit l'absolu de l'esprit humain, mais pour lui l'entendement est la finité absolue, fixe, insurmontable de la raison humaine. [...] Un tel idéalisme formel qui pose ainsi d'un côté un point absolu de l'egoïté et de son entendement et de l'autre côté une diversité absolue ou sensation, est un dualisme [*W* II, p. 313 ; *FetS*, p. 112-113].

En absolutisant la fonction de l'entendement, Kant finit par absolutiser le moment de l'opposition, en demeurant fidèle au point de vue selon lequel « l'identité est absolument séparée et ce qui connaît cette dernière est une faculté de connaître absolument contingente, absolument finie et subjective » [*W* II, p. 326 ; *FetS*, p. 122]. Tout en ayant découvert malgré lui l'idée spéculative, Kant aboutit à l'« écrasement (*Zertretung*) total de la Raison » [*W* II, p. 321 ; *FetS*, p. 118]. La raison devient, par conséquent, un principe régulateur car, selon Kant, elle n'a plus qu'à représenter l'identité la plus formelle : l'unité vide. En d'autres termes, Kant « considère la raison seulement dans le jugement (*bloß im Urteil*)[35] » [*W* II, p. 316 ; *FetS*, p. 150].

Il peut donc être intéressant en soi d'envisager les choses du point de vue du jugement, tout en sachant que ça ne peut pas être le seul point de vue pris en compte. On risquerait sinon de

---

[35] Dans ce cas présent, j'ai modifié la traduction française du passage [um dieser Weigerung willen bleibt ihr nichts übrig als die reine Leerheit der Identität, welche di Vernunft bloß im Urteil betrachtet als das für sich selbst seiende reine Allgemeine, d.h. das Subjektive...], car Alexis Philonenko et Claude Lecouteux font de la proposition suivant la phrase principale une relative objective, alors qu'il me semble qu'elle est en fait une relative subjective.

figer le contenu de vérité que le jugement véhicule, mais qu'il n'est pas en mesure d'épuiser.

Le jugement, étant le corrélatif de la position de la conscience, exprime le moment de la séparation entre les termes. De ce fait, il est le dispositif le plus approprié pour présenter la dimension phénoménique de la réalité, caractérisée par sa multiplicité et sa différence. Comme Hyppolite l'a affirmé, « la conscience, comme telle, exprime cette division qui est ontologique, elle correspond à la scission, s'il est vrai que se diviser et apparaître sont la même chose ». À ce propos Hegel, dans la *Differenzschrift*, a souligné que « se manifester (*Erscheinen*) et se diviser en deux (*Sich-Entzweien*) ne font qu'un (*ist eins*) » [*W* II, p. 106 ; *Diff.*, p. 176].

Même si Kant finit par neutraliser l'élément rationnel authentique, puisqu'il réduit la raison au statut d'unité vide, la forme du jugement n'en perd pas pour autant son mérite, soit sa capacité d'exprimer le rationnel dans le cadre de sa manifestation, c'est-à-dire la façon dont la raison se manifeste. De ce fait, le jugement est « le lieu ambigu où la vérité apparaît ». La vérité du jugement est donc ambiguë puisqu'elle n'est qu'une partie du vrai, ce qui n'empêche pas, par ailleurs, que cette ambiguïté puisse avoir une signification philosophiquement centrale. Ce n'est que grâce au dispositif du jugement que l'identité vide et abstraite peut atteindre la différence. En d'autres termes, ce n'est qu'au travers du jugement que le mouvement de l'identification entre deux termes se différencie de la simple tautologie posée par l'entendement : « A = A ».

Au point où nous en sommes, il n'est pas chimérique d'avancer l'hypothèse selon laquelle un des thèmes latents sur lequel Hegel s'est concentré est l'endroit le plus énigmatique de l'Ancien Testament : Exode 3, 14. La façon dont le Seigneur formule la définition de sa propre essence, « Je suis qui Je suis », semble constituer le *topos* théologique qui exemplifie l'universel abstrait de l'identité, « A = A ». Ce pourrait être aussi la référence implicite de l'endroit textuel de la Préface à la *Phénoménologie de l'Esprit* qui se base sur la formulation « Dieu est l'être » afin d'expliquer l'interprétation spéculative de la proposition.

Pour confirmer la pertinence de l'association de l'exemple tiré de la Préface et du divin vétérotestamentaire de la Genèse 1, 3, pour qui Dieu se manifeste dans la parole – « Dieu dit : que la lumière soit ! Et la lumière fut » –, il faut souligner que Luther traduit Exode 3, 14 de la manière suivante : « Jch werde sein der ich sein werde ». Dans cette traduction allemande on remarque, d'une part, que le verbe être est à l'infinitif, tout comme dans l'exemple de la *Phénoménologie*, et d'autre part, qu'en conjuguant le verbe au futur, peut-être uniquement pour une raison grammaticale, la formulation de Luther assume la forme d'un chiasme.

Dans le contexte vétérotestamentaire, Moïse, en voyant le Buisson ardant et tout en ayant déjà répondu sans hésitation à l'appel du Seigneur, a besoin de savoir avec quelle divinité il est en train de parler. Il veut, par là, s'assurer qu'il n'est pas en train de se laisser duper. « Mais, s'ils me demandent quel est son nom, que leur répondrai-je ? », dit Moïse. Au lieu de révéler son nom, le divin de l'Ancienne Alliance donne une explication : « Je suis qui Je suis […] C'est ainsi que tu répondras aux enfants d'Israël : Celui qui s'appelle Je suis m'a envoyé vers vous ».

La littérature critique concernant ce passage l'a déjà souligné ; la réserve presque absolue d'un nom secret sert à protéger le nommé contre le risque d'être réduit à la simple propriété de celui qui le nomme. À partir de cette considération, nous pouvons constater que le divin de l'Ancienne Alliance, comme d'autres religions de l'antiquité, vise à prévenir le risque de la réification, en révoquant la contrainte impliquée par la nomination.

Par ailleurs, l'aporie singulière exprimée par Israël réside en ceci que le divin vétérotestamentaire présente à la fois une conception substantive de la divinité et le prélude de son passage à la verbalisation. Pour se soustraire à la menace de la réification, le Seigneur de l'Ancienne Alliance a recours au verbe « être », qui remplit toutefois la fonction de nom.

La translittération de la formulation vétérotestamentaire est la suivante : « 'ehyèh' ashèr 'ehyèh ». La proposition, on peut le comprendre à première vue, est en tout point identique. Toutefois, ce n'est pas un hasard si ce nom, qui vise à être une catégorie abstraite ou une figure de la pensée, finit par aboutir à un verbe et, en particulier, à la dialectique du verbe être. Comme on l'a déjà vu à propos du premier chapitre de la *Phénoménologie*, la parole a le pouvoir divin de renverser (*verkehren*) la *Meinung* : dès qu'il s'en remet à l'énonciation, le sujet *n'est plus* ce qu'il était immédiatement.

C'est encore la littérature consacrée à Exode 3, 14 qui nous rappelle que *'ehyèh* est la première personne du singulier du verbe *hâyâh*. Luther, en le traduisant au futur, montre avoir réfléchi sur la particularité de ce temps verbal hébraïque qui présente une action qui est en train de se dérouler, raison pour laquelle il est appelé « temps inaccompli ». Une traduction possible, bien qu'inadéquate, pourrait être le présent progressif français. Cela signifie que tout en insistant, comme d'autres formulations vétérotestamentaires similaires, sur le moment tautologique, l'élément inédit montré dans ce passage, comme cela a déjà été remarqué[36], est la parenté étroite de la parole et de la temporalité. En s'assignant à la formulation verbale, l'essence du divin se dirige vers l'altération et vers une modification irréversible.

Même si la proposition en question est un groupe nominal, l'emploi du verbe « être » l'empêche d'exprimer une identité atemporelle. Le « je suis », en tant que sujet, est donc destiné à devenir « je suis » en tant que prédicat puisque le développement de toute proposition produit une inversion qui change la position du sujet. S'il est vrai que le sujet est son prédicat, il faut, selon Hegel, que le contraire aussi soit vrai, c'est-à-dire que le prédicat soit le sujet, ce qui signifie que même la formulation vétérotestamentaire ne peut se soustraire au résultat qui veut que chaque sujet, en passant par la verbalisation, subit une transformation décisive : « c'est seulement le prédicat qui nous apprend ensuite ce qu'il [Dieu, le sujet] est, le remplit d'un contenu et le munit d'une signification » [*W* III, p. 16 ; *PhdE*, p. 41]; « le passage ne serait-ce qu'à une seule proposition est

[36] Cf. A. Caquot, *Les énigmes d'un hémistiche biblique*, in *Dieu et l'être*, éd. P. Vignaux, Études augustiniennes, Paris 1978, p. 2. Sur ce thème cf. aussi la partie consacrée au thème du verbe *hâyâh* dans le *Theologisches Wörterbuch zum Alten Testament*, Kolhammer, Stuttgart 1975, vol. II 4, col. 396-408.

[contient] un *devenir* autre, qui doit être repris, est une médiation » [*W* III, p. 25 ; *PhdE*, p. 39].

La parenté entre Exode 3, 14 et le problème de la temporalité, mis en lumière par l'étude citée, peut signifier, *in philosophicis*, que la subjectivité est liée à la temporalité dans la mesure où, en énonçant son propre être, elle *n'est plus* ce qu'elle était dans l'immédiat[37].

En suivant l'intuition de Heintel[38], on peut affirmer que la conception ordinaire de la proposition, que Hegel associe à la constellation spirituelle d'Israël, doit faire l'expérience de la *Verkehrende Kraft der Sprache*, comme c'est le cas, notamment, pour la certitude sensible du premier chapitre de la *Phénoménologie*.

La stratégie au moyen de laquelle la formulation du nom de Dieu tente de se soustraire au risque impliqué par la nomination en général, encore plus par la prédication, a une conséquence ultérieure. Puisque la subjectivité, une fois énoncée, n'est plus la singularité qu'elle était immédiatement, à travers la formulation de son nom le Seigneur de l'Ancienne Alliance atteint la dimension d'universalité. En effet, c'est sous l'ordre de l'universalité que Hegel place la religion d'Israël dans les *Leçons sur la philosophie de la religion*. Selon Hegel, dans la religion juive, la crainte sacrée suscitée par le divin « [suppose] une autre crainte que celle que l'on éprouve face à une puissance », parce que le tremblement (*Erzittern*) appartient dans ce cas-là à « l'esprit » : « une telle crainte consiste en ce que l'homme frémit en soi-même [...] et qu'en quelque sorte il tressaille tout entier parce qu'il effectue une abstraction pour penser à titre de libre essence spirituelle » [*VR* 4a, p. 173 ; *PhR* II, p. 153]. En supportant le vertige de l'abstraction, la religion juive permet le passage vers la dimension de la pensée et du

---

[37] Sur le rapport entre le langage et la temporalité cf. A.-A. Houcine, *Temps et langage dans la philosophie de Hegel*, L'Harmattan, Paris 2009. Sur le rapport entre temporalité et proposition spéculative cf. aussi G. Chiurazzi, *Teorie del giudizio*, Aracne, Roma 2005, p. 66-72 en particulier, et G. Garelli, *Lo spirito in figura. Il tema dell'estetico nella* Fenomenologia dello spirito *di Hegel*, Il Mulino, Bologna 2010, p. 94-95 en particulier.

[38] E. Heintel, *Der Begriff des Menschen und der „spekulative Satz"*, « Hegel-Studien », 1 (1961), p. 201-227.

savoir[39]. Il ne s'agit pas du Dieu unique qui a fait l'Alliance, mais du Dieu en tant que Un, un divin « *gestaltlos* » [*VR* 4a, p. 307] dont la seule manifestation est la sublimité [cf. *VR* 4a, p. 324][40] et qui vit dans la pensée.

À partir de là, Israël est donc une figure de la pensée dans la mesure où elle se place sous le signe du *Verstand*, « la plus étonnante et la plus grande puissance qui soit, ou, pour tout dire, la puissance absolue » [*W* III, p. 36 ; *PhdE*, p. 48].

La formulation vétérotestamentaire du divin exemplifie, par conséquent, le moment du devenir-autre car elle traduit l'essence du divin au sein de la pensée pure. Il s'agit cependant d'un mouvement qui n'est pas capable de revenir sur ses pas, ni de « reprendre (*zurücknehmen*) » [*W* III, p. 25 ; *PhdE*, p. 39] sa propre genèse, ce qui est nécessaire de faire, selon la Préface, pour penser la signification de l'énonciation.

D'une part, il y a une conception ordinaire de la phrase qui hypostasie le sujet ; de l'autre, il y en a une, égale mais contraire, qui le dissout dans l'universalité du prédicat à tel point qu'il s'échappe du cercle de la proposition, alors que, selon Hegel, « il faut que ce mouvement contraire soit énoncé ; il faut qu'il ne soit pas seulement ce blocage interne, mais que ce retour (*Zurückgehen*) du concept en soi soit *exposé* » [*W* III, p. 61 ; *PhdE*, p. 70]. C'est pour cela, peut-être, que le temps auquel est conjugué l'être d'Exode 3, 14 est le temps inaccompli, propre à la langue hébraïque ancienne.

Le recours au fait de parcourir, même en arrière, le mouvement de la proposition signifie que, d'une part, la parole elle-même consent l'accès à l'universel à travers la prédication, mais, de l'autre, qu'elle est aussi dans le mouvement de retour (le sujet est le prédicat, tout comme le prédicat est le sujet), soit

---

[39] Sur cet aspect et plus en général sur la réévaluation partielle d'Israël dans les leçons berlinoises sur la philosophie de la religion cf. E. Fackenheim, *The Religious Dimension in Hegel's Thought, op. cit.*, p. 157 sq. ; sur l'ambigüité constitutive d'Israël dans ce cadre cf. aussi A. Chapelle, *Hegel et la religion*, Editions Universitaires, Paris 1967, vol. II, p. 116-117 en particulier et P.C. Hodgson, *Hegel and the Christian Theology*, *op. cit.*, p. 229 sq.

[40] On ne donne la référence qu'à l'édition allemande parce que la traduction française ne reporte pas la variante du passage concerné [cf. *PhR* II, p. 272-273].

le lieu où l'universel prend corps et physionomie concrète. Le divin vétérotestamentaire vise donc à se soustraire à ce deuxième mouvement d'incarnation – « Je suis qui Je suis [...] C'est ainsi que tu répondras aux enfants d'Israël : Celui qui s'appelle Je suis m'a envoyé vers vous » (dans la traduction de Luther, II Mos 3, 14 : « Also sol tu zu den Kindern Jsrael sagen, Jch werds sein, der hat mich zu euch gesand »). De ce fait, le caractère aporétique de la formulation d'Exode 3, 14 force le mouvement de la parole à prendre un chemin à sens unique.

Nous pouvons donc donner au moins deux raisons à la dureté de la langue de l'Ancien Testament. Premièrement parce qu'il s'agit d'un langage aporétique qui, inconsciemment, ouvre à la verbalisation mais finit par emprunter une voie unilatérale et exclusive, qui de la singularité n'aboutit qu'à l'universalité abstraite d'un Dieu qui vise à rester ce qu'il *est*. Deuxièmement, l'expérience de la séparation entre les termes est vraie mais pas suffisante. Cela dit le langage vétérotestamentaire demeure l'*exemplum* qui nous permet de saisir le caractère véritatif, quoique relatif, du jugement, qui implique que celui-ci, s'il est conçu spéculativement, exprime l'expérience de la *diairesis*, propre à l'expérience du sujet.

Pour valoriser la manière dont *das hebräische Wort* mène à l'expérience du caractère véritatif de la parole, il faut se concentrer sur la façon dont toute proposition, selon la tractation de la proposition spéculative, produit une *Verkehrung* significative.

Après s'être confronté à la dynamique de la phrase, Hegel remarque :

> L'opinion (*die Meinung*) découvre (*erfährt*) qu'on voulait dire autre chose que ce qu'elle croyait (*daß es anders gemeint ist, als sie meinte*) ; et cette correction de l'opinion du savoir (*diese Korrektion seiner Meinung*) oblige celui-ci à revenir à la proposition et à la comprendre maintenant autrement (*nötigt das Wissen, auf den Satz zurückzukommen und nun ihn anders zu fassen*) [*W* III, p. 60 ; *PhdE*, p. 70].

Mais que signifie, dans ce contexte, le mot *Verkehrung* ? Il s'agit d'un terme qui renvoie à plusieurs significations. Le préfixe *ver-*, dans la langue allemande, a deux significations, comme le latin *per-*. Il indique, d'une part, la présence d'un accroissement (comme c'est le cas en latin entre les mots *multum* et *permultum*) ; et, de l'autre, il souligne une altération véritable et irréductible, une transformation irréversible (comme en latin entre *mutatio* et *permutatio*). En outre, le verbe *verkehren* signifie, comme l'affirme le lexique des frères Grimm[41], « assumer une figure différente » grâce à une activité spirituelle. C'est peut-être à partir de cet axe sémantique que le verbe peut signifier aussi « traduire », ou décoder un certain ordre et le transformer, au moyen de l'activité spirituelle de traduction, en un ordre de genre différent. Insister sur la duplicité du mouvement du langage, toutefois révoquée par la langue de l'Ancien Testament, signifie que la *Verkehrung* effectuée par la parole n'est pas seulement *permutatio*, altération et séparation, mais aussi donation de consistance par rapport à l'abstraction dramatique de l'universel en soi, c'est-à-dire accroissement (comme du *multum* au *permultum*).

Face à l'unilatéralité dure de la langue hébraïque, qui fait de tout sujet un universel abstrait, la possibilité offerte par le langage du Nouveau Testament, où la subjectivité est associée à un prédicat vivant, réside en ceci, qu'il encourage une grammaire de la convertibilité[42].

La dimension discursive, selon une *Verkehrung* double et surprenante, véhicule en effet un *surplus* de conversion. Non seulement elle permet à la singularité d'accéder à l'universalité, mais elle permet aussi, selon un mouvement de retour du deuxième terme au premier, de trouver dans l'individuel un soutien sensible qui devient donc l'incarnation du sens, réflexion se trouvant aussi au début de l'Évangile de Jean.

---

[41] Bd. 25, Sp. 626.

[42] H. Timm, *Fallhöhe des Geistes. Das religiöse Denken des jungen Hegel*, Syndikat, Frankfurt a.M. 1979, p. 133.

2.1 *Christus est vocalis*

Avant de nous concentrer sur l'autre définition énigmatique de la langue juive que Hegel fournit dans l'*Esprit du christianisme et son destin*, qui consiste à dire qu'elle serait une langue du *Wechselstil*, il faut considérer la signification du *topos*, à travers la médiation de Hamann et selon Luther, selon lequel *Christus est vocalis*. De quelle manière la conception luthérienne du mot peut être accueillie par Hegel ? En d'autres termes, quels sont les éléments de la pensée de Luther que Hegel se réapproprie de façon spéculative ?

L'affirmation *Christus est vocalis* trouve sa racine dans l'idée selon laquelle le caractère le plus intime du mot en général, et du Verbe en particulier, est constitutivement oral et donc lié aussi au sensible : « Natura verbi est audiri »[43]. En revanche, le Tétragramme étant un terme imprononçable, il est, selon les mots de Lévinas, « proche du nommé », mais « sans lien logique avec lui et, par conséquent, malgré cette proximité, une coquille vide comme une permanente révocation de ce qu'il évoque, une désincarnation de ce qui s'incarne par lui »[44].

Le principe du sens, chez Luther, est en revanche indissociable du principe de fidélité à la nature sensible de la lettre. En d'autres termes, chez le traducteur, la primauté du sens est intimement imbriquée à la façon dont il résonne dans le sensible, avec laquelle il forme un tout inséparable[45]. La vitalité de l'Écriture réside dans le fait qu'au moyen de celle-ci, la signification trouve une incarnation qui ne peut avoir qu'un écho sensible. Partant de cette affirmation qui est démontrée à maintes reprises dans la *Phénoménologie* et dans un passage central de l'*Encyclopédie* [cf. § 459], il n'est pas difficile

---

[43] M. Luther, *D. Martins Luthers Werke: kritische Gesamtausgabe*, *op. cit.*, vol. 4, p. 9 (psaume LXXXIV, vv. 18-19).

[44] E. Lévinas, *Le nom de Dieu d'après quelques textes talmudiques*, in *L'analisi del linguaggio teologico*, éd. E. Castelli, Istituto di Studi Filosofici, Roma 1969.

[45] Cf., à ce propos, A. Beutel, *"Es ist mein testament und mein dolmetschung, und sol mein bleiben unnd sein"*, in *Anmut und Sprachgewalt. Zur Zukunft der Lutherbibel*, éd. C. Dahlgrün et J. Haustein, Deutsche Bibelgesellschaft, Stuttgart 2013, p. 17-38.

d'imaginer que la préférence de Hegel pour le caractère constitutivement oral de la parole – matérialité qui dans son aspect pneumatique est donc en soi spirituelle – doit trouver au moins une de ses sources dans la pensée luthérienne.

Comme Joachim Ringleben l'a remarqué[46], ce que Luther souligne, en particulier à la lumière de son expérience de traducteur, est un phénomène fondamental de la parole en général. Il s'agit de la conception, que Ringleben n'hésite pas à souligner aussi chez Hegel, selon laquelle le comportement paradoxal du langage implique que la résonance sensible des mots devient le véhicule du sens.

À la suite de cette reconstruction, l'aspect discursif du concept devrait pouvoir garder en soi l'écho des traces du sensible, qui dans la représentation est lié à l'idéal de manière extrinsèque. Cela signifie que le sensible n'est pas l'enrobage occasionnel du sens, mais ce à quoi le sens doit se livrer pour se manifester. Ce n'est pas un hasard si Hegel, peut-être influencé par la doctrine luthérienne au sujet du rapport étroit entre résonance sensible et sens des mots, valorise l'efficacité spirituelle de la parole en tant que parole parlée.

Comme il l'a souligné dans le paragraphe 459 de l'*Encyclopédie*, Hegel pense que le langage écrit n'est qu'une déclinaison de la façon dont la parole est à l'origine : « le *son* (*Tonsprache*), l'extériorisation accomplie de l'intériorité qui se fait connaître »[47]. C'est justement en tant que résonance sensible que la parole acquiert une valeur spirituelle.

La matérialité de la parole joue aussi un rôle central dans la *Phénoménologie*, surtout dans le septième chapitre consacré à la religion. La parole y fait l'objet de la manifestation de la subjectivité individuelle et est en même temps la figuration la plus adéquate du divin. Enfin, la capacité de la parole de résonner et puis d'affaiblir ses vibrations jusqu'à disparaître en fait la dimension privilégiée de la subjectivité spirituelle.

---

46 J. Ringleben, *Gott im Wort*, *op. cit.*, p. 32.

47 Sur ce passage, cf. Th. Bodammer, *Hegels Deutung der Sprache,* Hamburg, Meiner 1969, p. 46 sq., et, plus récemment, B. Mabille, *Hegel. L'épreuve de la contingence* (1999), Hermann, Paris 2013, p. 340.

Comme Kojève l'a remarqué, le mot « a deux aspects : a) son *Dasein* = existence empirique (le son) ; b) son existence non naturelle (le sens) »[48]. Pourtant cette duplicité n'est pas l'issue de deux plans différents et co-existants : elle est plutôt la marque constitutive du langage en tant que tel.

Une fois que l'on a tenté de démontrer que dans l'*Esprit du christianisme* on peut trouver la genèse de la conception hégélienne du langage et qu'il y a, dans ce texte, une référence indirecte à un *topos* de Luther, il faut se demander à nouveau si ce dernier a aussi exercé une influence sur Hegel d'un point de vue plus général, tel que celui que l'on vient d'esquisser. Il y a donc un lien significatif entre Hegel et la position de Luther par rapport au *logos*, que les études les plus récentes placent au centre de sa théologie et à la base de l'entreprise culturelle luthérienne.

Une des raisons pour lesquelles l'allemand de Luther peut aujourd'hui être considéré comme inhabituel et distant réside dans sa tentative difficile de forger la parole de manière à pouvoir nouer sens et sensible en une unité inséparable, comme s'il avait voulu montrer que l'acte de traduire est une déclinaison fondamentale de la façon dont le sens, en y trouvant un soutien, s'incarne dans le sensible.

Si à la base de la traduction, il y a la volonté de conférer au sens spirituel un corps linguistique et sensible qui lui soit adéquat, la traduction de l'Écriture, chez Luther, exerce une fonction très proche de ce que l'on pourrait appeler une verbalisation du divin. Le fait que l'objet de la théologie ne s'exprime qu'au travers de la parole et grâce à elle, invite à penser que la constitution du divin pourrait être foncièrement linguistique. Dans ce contexte, la parole fait l'objet de l'existence des choses elles-mêmes puisqu'elle leur donne une consistance. Par rapport à un *Deus* qui, pour Luther, *est verbosus*[49], la traduction du verbe dans le *genus humile* de la langue commune a un rôle incontournable : elle semble en

---

[48] A. Kojève, *Introduction à la lecture de Hegel* (1947), Gallimard, Paris 2005, p. 244.

[49] M. Luther, *D. Martins Luthers Werke: kritikische Gesamtausgabe*, *op. cit.*, vol. 39 II (*Disputationen 1539/1545*), p. 199 (*Disputatio M. Heinrici Luneburgensis pro licentia. Praeside D. Martino Luthero*).

effet reproduire dans l'élément discursif la *kenosis* (Fl 2, 7) du divin dans le Christ[50].

Si Hegel recueille cet héritage au niveau philosophique, cela peut signifier que la pensée, tout en réfléchissant sur le langage en tant que *medium* sensible, doit valoriser la question centrale du rôle de la parole, trouvant son origine dans la confrontation entre la langue de l'Ancien et celle du Nouveau Testament. De nouveau, on peut observer donc la nécessité pour la pensée de revenir sur sa propre provenance par rapport à ce qui n'est pas immédiatement pensée et qui toutefois permet à la pensée de devenir consciente de sa propre genèse conditionnée.

2.2 *La poésie juive et son* Wechselstil

Pour compléter l'analyse de la figure du langage de l'Ancien Testament dans l'*Esprit du christianisme*, il faut retourner sur la signification du terme *Wechselstil*, en rappelant qu'il s'agit du mot employé par Hegel afin d'expliquer en quoi la langue d'Israël a une résonance dure, plus dure que si les sentiments étaient exprimés *in dem Wechstelstil* [*W* I, p. 371 ; *Esprit*, p. 184].

D'ailleurs le terme *Wechselstil* est un néologisme, qui dans le *corpus* hégélien apparaît en tant que *apax legomenon*[51]. De ce fait, les traductions en langue étrangère adoptent des périphrases. La traduction française que nous avons utilisée adopte en particulier la version suivante : « un langage de la réalité, lequel a pour cette raison des consonances souvent *plus dures que* si *on voulait exprimer des sensations dans un style commercial* ! ». La traduction italienne donne à *Wechselstil* un

[50] Cf. J. Von Lüpke, *Sprachgebrauch und Norm*, in *Anmut und Sprachgewalt*, *op. cit.*, p. 69-83 et p. 82 en particulier.

[51] Bien qu'il aboutisse à des conclusions différentes des nôtres, voir, à ce propos, D.P. Jamros, *Wechsel-stil*, « The Owl of Minerva », 42 (2010), p. 219-223.

tour allégorique[52], alors que celle anglaise de Knox propose une solution qui s'éloigne de l'original mais qui semble toutefois la plus appropriée du point de vue herméneutique : le *Wechselstil* correspondrait en effet au « parallelistic style »[53].

Bien évidemment, chaque solution opte pour une certaine interprétation. Une fois écartée la traduction italienne, qui me semble la moins significative mais qui n'est pas pour autant privée de justifications, je voudrais essayer de rendre raison de celle proposée par Olivier Depré. La suggestion suivie par ce dernier s'appuie, à notre avis, sur une indication que l'on peut trouver dans un lexique de commerce et de droit commercial, rédigé par Philipp Andreas Nemnich, qui date de 1803. Le terme *Wechselstil* semble être calqué sur celui, assez proche, de *Wechselbrief*, que Nemnich définit en tant que lettre de change ou quittance[54]. De ce fait, la phrase hégélienne pourrait signifier que le langage vétérotestamentaire résonnerait encore plus durement qu'une prose qui exprimerait des sentiments selon le style d'une lettre commerciale.

Bien que philologiquement plausible, il semble que cette interprétation cède, de manière acritique, à un *topos* très répandu, selon lequel Hegel serait souvent victime de préjugés antisémites.

La traduction anglaise proposée par Knox est par contre plus prometteuse. Il suffit d'observer les écrits hégéliens de la maturité pour y voir que le terme *Wechselstil*, loin d'être l'héritage immédiat et grossier de la position antisémite ou anti-judaïque (qui d'ailleurs, bien que de manière problématique, est notamment présente chez Luther aussi), est l'expression d'une aptitude vivante et bien informée, qui se réfère aux études juives et hébraïques de l'époque. En d'autres termes, le mot *Wechselstil* pourrait être une reformulation hégélienne de ce

---

[52] Cf. G.W.F. Hegel, *Scritti teologici giovanili,* trad.it. E. Mirri, Guida, Napoli 1972, p. 439.

[53] G.W.F. Hegel, *On Christianity. Early Theological Writings, The Spirit of Christianity and Its Fate,* trad. T.M. Knox (1948), Harper Torchbook, New York 1961, p. 255.

[54] Cf. Ph. A. Nemnich, *Comptoir Lexicon in neuen Sprachen für Handelsleute, Rechtsgelehrte und sonstige Geschäftsmänner*, Hamburg, Reynolds 1803, p. 326.

que les savants de son âge définissaient *parallelismus membrorum*[55].

Ne pouvant épuiser le thème et les sources qui conforteraient cette thèse, je me limiterai à faire remarquer que, dans le cours d'Esthétique de 1821, selon la *Nachschrift* rédigée par Ascheberg, Hegel mentionne explicitement le terme « parallelismus membrorum », qui définit la poésie vétérotestamentaire. Il est probable que Hegel tire principalement (mais pas exclusivement) ses connaissances à ce propos de Herder, en particulier de *L'esprit de la poésie hébraïque* (*Vom Geist der Ebräischen Poesie*), qui date de 1783, et qui à son tour s'appuyait sur les leçons de Robert Lowth. Ce dernier, qui était professeur de poétique à l'Université d'Oxford, avait donné des cours pluriannuels (1741-1750) sur la poésie sacrée des Juifs, dont les thèses étaient très répandues après la publication d'un livre (1753) recueil de ses cours à l'Université et qui avait été traduit en anglais et en allemand. En reprenant les thèses de Lowth, Herder identifiait la spécificité de la poésie hébraïque dans le principe du parallélisme ; il s'agit d'un principe qui régit un genre de poésie dont le rythme, au lieu d'être le produit d'un travail sur la matérialité de la parole basé sur la musicalité du mètre ou sur l'accent, est foncièrement issu d'une réitération savante de certaines figures de la pensée[56].

En fait la citation est indirecte car rapportée par son élève Ascheberg, elle reste pour autant tout à fait significative. En parlant du principe de versification, Hegel dirait en fait que « le retour (*das Wiederkehren*) à l'élément de la versification fait

---

[55] Sur la réception culturelle de ce *topos* cf., entre autres, S. Marchand, *German Orientalism*, Cambridge University Press, Cambridge 2009, S. Prickett, *Words and the Word: Languages, Poetics and Biblical Interpretations*, Cambridge University Press, Cambridge-New York 1988 et D. Thouard, *Hamann und der Streit um die Poesie der Hebräer*, in *Ackten des internationalen Hamann-Kolloquium an der Universität Halle-Wittenberg. Die Gegenwärtigkeit J.G. Hamanns*, éd. B. Gajek, Peter Lang, Frankfurt a.M.-Bern 2005, p. 321-334.

[56] Sur ce thème cf. en particulier A. Berlin, *The Dynamics of Biblical Parallelism* (1985), Indiana University Press, Bloomington et Indianapolis 1992 et J.L. Kugel, *The Idea of Biblical Poetry. Parallelism and its History*, John Hopkins University Press, Baltimore-London 1981.

l'objet du fondement de la versification (un autre est la signification : parallelismus membrorum) » [*Ascheberg*, p. 301]. La versification, fondée sur le rythme de la métrique ou sur l'accent, donc sur le système de la rime, invoque une relation avec le sensible. En y regardant de plus près, cela signifie qu'il n'y a que le retour de la signification idéelle à l'élément sensible qui transforme une certaine expression en une véritable poésie. Cependant, selon Hegel *via* Ascheberg, il semblerait qu'il y ait un autre critère problématique qui confère poéticité à une production linguistique tout en se passant de la participation de la dimension à proprement parler esthétique, à savoir une versification basée exclusivement sur la signification, à propos de laquelle il se limite à signaler la locution : « parallelismus membrorum ».

La *Nachschrift* Ascheberg mentionne cette remarque incidemment et entre parenthèses sans la développer, par conséquent on ne sait pas en quoi consiste cette versification basée seulement sur la signification. Cet endroit donne non seulement l'impression d'impliquer une sorte d'*omissis*, mais il peut aussi avoir la force d'un argument *e silentio*. Une versification obtenue exclusivement grâce à la signification, indépendamment de l'aspect sensible, semble être plus en lien avec la pensée qu'avec la production artistique proprement dite. Cette remarque sur le style vétérotestamentaire en tant que *Wechselstil*, elle aussi, à la lumière de ce que l'on vient de rappeler, renvoie à l'ensemble des raisons pour lesquelles le langage de l'Ancien Testament, en contraste avec celui du Nouveau, refuse la communion avec le sensible.

En guise de conclusion, soulignons deux éléments. En premier lieu, il découle de cet *excursus* que la conception vétérotestamentaire de la parole est essentielle. Loin d'être une simple comparaison ou, pire encore, une juxtaposition, il s'agit d'une antithèse qui, une fois pensée, dévoile un lien spéculatif. C'est justement cette confrontation qui permet de penser la manière dont l'aptitude conceptuelle doit venir en aide à la posture, en soi unilatérale, représentée par l'Ancien Testament, qui devient donc le premier moment d'un mouvement qu'il s'agit d'accomplir.

En dernier lieu, face aux positions de la loi et du langage qui encouragent l'aliénation de la singularité sensible par rapport à l'universel, mais en constant dialogue entre elles, la convertibilité de la grammaire johannique sert à Hegel, dans l'optique de la réconciliation, pour focaliser la possibilité de la réversibilité et donc la solidarité entre le particulier sensible et l'universalité du concept. La possibilité de la conciliation ne peut donc pas se passer de l'expérience du concept lui-même (génitif subjectif).

3. *Le jugement infini et l'esprit du christianisme*

Il est temps maintenant de revenir sur l'entrecroisement problématique, qui est au cœur de notre analyse, entre la loi, la parole et le jugement, dans l'*Esprit du christianisme*. Il s'agit, donc, de comprendre s'il y a une motivation philosophique au fait que Hegel mentionne les affirmations apparemment antithétiques de Mt 7, 1 : « Ne jugez point, afin que vous ne soyez point jugés », et de Jean 5, 22 : « Le Père ne juge personne, mais il a remis tout jugement au Fils ».

En d'autres termes, il faut se demander si cette association peut être utile, même indirectement, pour comprendre la manière dont Hegel, à partir des années 1798-1799, interprète le rôle du jugement en intégrant la posture équivoque de Jésus qui en même temps juge et ne juge pas. On doit alors vérifier s'il y a, chez Hegel, un institut, ou mieux un dispositif philosophique visant à rendre compte de cette thématique théologique. Nous avançons d'ores et déjà l'hypothèse selon laquelle cet institut, comme nous tenterons de le démontrer, est le jugement infini.

Pour commencer, nous allons analyser le sens le plus général de ce dispositif, en essayant de le mettre en lien avec la démarche de *L'esprit du christianisme.* Ensuite, on se concentrera sur le rôle joué par le jugement infini dans le cinquième chapitre de la *Phénoménologie*, où le thème de la loi est lié au problème de l'interprétation spéculative de la parole et, surtout, où apparaît la seule référence manifeste à l'expérience d'Israël dans l'œuvre de 1807.

La conception de la parole du Prologue de Jean exemplifie une conception spéculative aux antipodes de la constellation de la langue dure d'Israël puisqu'on y trouve des propositions qui « n'ont que l'apparence trompeuse (*der täuschende Schein*) de jugements, car les prédicats ne sont pas des concepts, de l'universel, comme l'expression d'une réflexion dans des jugements en contient nécessairement ; bien plutôt, les prédicats sont eux-mêmes à nouveau de l'être, du vivant ».

Selon Reinhard Heede[57], c'est le jugement, dans le prologue johannique, qui incite l'esprit à se manifester, non pas *malgré sa forme, mais grâce à elle*. Même si elle n'est pas immédiatement spirituelle, tout comme la forme de la proposition n'est pas immédiatement spéculative, la forme du jugement évoque donc l'esprit. Si la langue est spéculative dans la mesure où elle invoque la compréhension spirituelle, cela veut dire qu'une véritable compréhension spéculative du langage n'est pas le dispositif argumentatif qui dépasse le jugement, mais la conscience de son pouvoir véritatif, soit sa spiritualisation.

Par conséquent, l'aspect spéculatif de la pensée ne naît pas du divorce du langage et de la loi, mais de leur face-à-face. En réponse aux critiques qui réduisent sa position, du moins *lato sensu*, à celle du marcionisme, c'est-à-dire d'une complète séparation entre le Nouveau et l'Ancien Testament, Hegel fait de la spéculation une pensée qui prend en charge la relation entre l'Ancienne Alliance et la Nouvelle.

En dernier lieu, on peut imaginer que les formulations ayant l'apparence du jugement mais n'étant pas un jugement correspondent à celles qui proviennent de la confrontation entre la logique et la loi. En séparant la pensée et la forme de la loi, et donc en se chargeant de la *krisis* qui fait partie de tout *Urteil* en tant que tel, elles ne sont plus un jugement dans la mesure où elles consentent à la pensée de rejoindre son origine, soit de se concilier au principe qui, lorsqu'il n'est pas considéré comme début, risque toujours de s'autonomiser et de se présenter comme s'il était tout à fait indépendant. Ce genre de jugement

---

[57] R. Heede, *Die göttliche Idee und ihre Erscheinung in der Religion*, Université de Münster, 1972, thèse de doctorat, p. 245.

n'a que l'apparence du jugement puisqu'il démasque l'autonomie apparente dont s'arroge le principe sous-jacent au jugement. Cette tendance, pour reprendre des termes kantiens qui dans ce contexte ne sont pas inappropriés, semble rendre compte de l'apparence illusoire selon la dynamique d'une véritable illusion transcendantale.

L'adhésion à la loi constitue le début, mais cela ne signifie pas, du moins pas nécessairement, que la légalité particulière de la pensée doive s'achever dans l'autorité de la loi. Comme on l'a vu, l'aplatissement de la logique de la pensée sur celle de la loi est le résultat d'une certaine option, à savoir l'option légaliste. En quoi réside, alors, l'illusion (apparemment) transcendantale ? En ceci que la pensée, en absolutisant son propre début, qui en réalité est conditionné, en fait un principe impératif et scindé de toute expérience. En d'autres termes, la pensée risque de se faire entraîner par sa propre illusion, ce qui la rend presque transcendantale. Lorsque ce qui n'est qu'un moment finit par sembler une figure autonome, cette illusion prend une force si puissante qu'elle risque de tromper la pensée.

De ce fait, le début vital de la pensée, lorsqu'il dupe son interlocuteur et se fait passer pour *un autre*, se soustrait à la dialectique, et donc à la vie de la pensée pour en devenir le *caput mortuum*. En effet, le pouvoir de la pensée est si extraordinaire qu'il peut s'exercer au détriment de sa propre vitalité. En s'autonomisant par rapport à l'*Erfahrung*, le jugement produit donc une séparation infinie (*unendliche Trennung*), car il sépare la pensée de l'expérience de lui-même.

Soulignons à présent que Hegel a réfléchi à un dispositif se rapprochant de cette *unendliche Trennung*, soit l'institut du jugement infini.

La locution *jugement infini* apparaît dans une section consacrée à la physionomie et à la phrénologie du chapitre cinq de la *Phénoménologie* et dans la *Science de la logique*, où cette figure est développée dans une section intitulée de la même façon. Dans les deux cas, il s'agit d'une institution de la pensée[58] qui trouve, une fois dans la perversion de la raison,

[58] Sur l'histoire de cette institution logique cf. F. Ishikawa, *Kants Denken von einem Dritten*, Peter Lang, Frankfurt a.M.-Bern-New York-Paris 1990.

l'autre fois dans la contradiction logique, la condition de possibilité d'une explication d'ordre supérieur qui restitue la perversion et la contradiction au sens.

Comme Hegel le souligne dans la *Phénoménologie*, le jugement infini est « un jugement qui abolit (*hebt auf*) lui-même » [*W* III, p. 260 ; *PhdE*, p. 245]. Il s'agit donc d'un jugement qui n'est pas un jugement, ce qui correspond précisément à ce dont nous avons parlé auparavant. Un jugement qui n'est plus un jugement est par conséquent le jugement infini.

Dans le domaine de la logique, le jugement infini permet, selon Hegel, le dépassement de l'unilatéralité du jugement positif et du jugement négatif. Il trouve donc sa vérité dans le jugement négatif qui explicite la différence entre le sujet et le prédicat. Dans le jugement négatif, cette séparation, ce pour quoi un terme *n'est pas* l'autre, est cependant énoncée de manière définitive et donc unilatérale, de façon à ce que le jugement négatif ne soit plus exhaustif. Comme Günther Wohlfart l'a remarqué[59], la raison pour laquelle le jugement infini dépasse la forme positive et celle négative provient de sa formulation particulière, qui fait de la séparation entre le sujet et le prédicat la manière paradoxale dont les deux termes sont cependant en relation. Suite à la *Science de la logique*, le jugement infini étant manifestement un « jugement contradictoire (*ein widersinniges Urteil*) », celui-ci dévoile le caractère contradictoire de tout jugement en général, toujours trop unilatéral pour épuiser la nature du vrai. Il nous semble intéressant de remarquer que cette contradiction réside dans deux aspects. Lorsque le jugement risque de séparer la légalité de la vérité ainsi que la légalité de la justice, il finit par séparer aussi la pensée de l'expérience de soi.

Si d'un côté sa forme négative met en évidence la *distance infinie*, et donc apparemment incontournable, entre les termes

---

[59] Je tire parti de ce développement de G. Wohlfart, *Das unendliche Urteil. Zur Interpretation eines Kapitels aus Hegels "Wissenschaft der Logik"*, « Zeitschrift für philosophische Forschung », 39 (1985), p. 85-98. Le caractère auto-critique du jugement infini est traité aussi par M. Bordignon, *Giudizio infinito e struttura coscienziale*, « Verifiche », 1-3 (2008), p. 141-168.

de la proposition, c'est-à-dire les membres du jugement lui-même, sa déclinaison positive démontre que l'identité entre le sujet et le prédicat, tant qu'elle est conçue de façon immédiate, n'est rien de plus qu'une tautologie vide. En ce sens, quels que soient les termes que l'on peut substituer à un sujet quelconque et à un prédicat quelconque, la formule « S est P », en soi, ne signifie rien de plus que « l'individu est l'individu » ou que « l'universel est universel ».

Le jugement infini dépasse néanmoins les limites liées à l'absolutisation de la fonction diaïrétique de tout jugement puisqu'il démasque la misère de l'acte de juger dans son immédiateté. De cette manière, sa contradiction manifeste oblige tous ceux qui pensent pouvoir faire confiance à la certitude rassurante que « S est P » à envisager que le jugement n'est pas une formulation naturelle et encore moins innocente. De ce point de vue, le jugement infini, en tant que radicalisation de l'institut de l'*Urteilen*, force la légalité de la pensée, aplatie sur la logique de la loi, à se confronter à la contradiction. En d'autres termes, il montre que c'est justement la séparation infinie, à la base de la loi de la pensée, qui produit la contradiction. Cela signifie donc que penser la contradiction devrait par conséquent être à la charge de la pensée elle-même. Ce qui porte à conclure que la dialectique n'est pas, comme Kant le croit, la contrepartie d'une illusion constitutive, mais, comme Hegel le démontre, ce qui est en mesure d'en révoquer le caractère transcendantal en en faisant un moment légitime de l'expérience elle-même.

La valeur ajoutée du jugement infini réside dans sa capacité de démontrer, comme le souligne encore Wohlfart, que même les vérités qui découlent des formes logiques ont un développement et sont le produit d'une certaine histoire. L'*unendliches Urteil* révèle que tout jugement n'étant pas compris comme le résultat d'un processus et ayant des présupposés impensés, n'est que préjugé.

Le terme préjugé renvoie explicitement au statut des pseudosciences évoquées dans le chapitre de la *Phénoménologie* dont on va parler, mais il nous dit aussi, à propos de la question centrale de notre analyse, que toute critique du légalisme, qui ne fasse pas de ce dernier un moment de sa propre genèse, restera infondée et pharisaïque. Une critique de ce genre, voulant se poser d'un point de vue autonome et étranger au légalisme, serait victime de l'illusion que produit le légalisme lui-même, et opposerait séparation et séparation en revendiquant une autonomie contre l'autonomie de l'autre ; donc elle ne saurait être que le revers du légalisme. En d'autres termes, une telle critique finirait par figer le caractère infini du jugement dans toute sa perversion. D'ailleurs, même si le légalisme, étant constitutivement inconscient de ses présupposés, ne le sait pas, la contradiction à laquelle il aboutit n'est que le témoignage le plus clair du fait que la loi de la pensée a aussi une naissance conditionnée. La réconciliation aussi doit s'appuyer sur le caractère infini du jugement car c'est justement en valorisant son lien avec la logique de la loi et donc en se chargeant de sa propre genèse que la pensée peut se séparer du légalisme, c'est-à-dire de l'absolutisation indue (voire hypostatisation) de ce qui n'est que le principe de la pensée, c'est-à-dire le début.

On peut, à présent, tenter de proposer une explication de la contradiction apparente selon laquelle, sous réserve du principe *nolite iudicare*, le Fils est toutefois le dépositaire du jugement. Une fois que la pensée a thématisé sa propre genèse à partir de son rapport à la loi et a compris les risques impliqués par la perversion du jugement infini – soit l'illusion à la suite de laquelle le légalisme absolutise la séparation en dehors de toute histoire et toute expérience –, elle peut néanmoins se libérer de sa propre loi. Le jugement infini devient donc l'acte d'une pensée qui juge et en même temps ne juge pas dans la mesure où, comme on peut le lire dans *L'esprit du christianisme*, il a compris le pouvoir divin du jugement. Une conception qui n'est pas unilatérale du jugement et qui dépasse le jugement à partir du jugement lui-même, comprend en effet que l'acte de juger comporte « le pouvoir de lier et de délier (*die Macht zu binden und zu lösen*) » [W I, p. 379 ; *Esprit,* p. 194].

La signification spéculative du jugement infini nous permet, par conséquent, de comprendre que, face à ce qu'il se passe dans le légalisme, où le jugement mène à une *krisis* irrécupérable, le pouvoir de la pensée est si extraordinaire qu'il détient à la fois le pouvoir de délier et celui de lier. C'est seulement en séparant, donc en se déliant de la logique aplatie sur l'autorité de la loi, que la pensée atteint la possibilité de lier, qui vise à la réconciliation.

En encourageant la réflexion au sujet de la genèse de la pensée et donc en interrompant son rapport apparemment fatal avec le légalisme, le jugement infini manifeste aussi le pouvoir de la pensée de se lier à l'expérience de soi. L'incontournable logique de la loi ne semble désamorcée que lorsque la pensée, en déclinant véritablement son indépendance, est disponible à reconnaître en ce qui lui semblait un autre que soi-même, l'autre *de* soi-même (génitif subjectif). C'est justement en admettant d'avoir un présupposé, qui est sa propre expérience, que la pensée révoque la tentation de l'autonomie tout en se soustrayant au risque de l'hétéronomie.

4. *Le jugement infini entre loi et parole. L'expérience d'Israël dans la* Phénoménologie de l'esprit

Pour conclure cette deuxième partie, nous nous concentrerons sur le chapitre de la *Phénoménologie* consacré à la raison qui thématise le statut des pseudosciences, comme la physiognomonie et la phrénologie, pour trois raisons. Tout d'abord, d'un point de vue philologique, dans ce chapitre on trouve l'unique référence *apertis verbis* de Hegel à l'expérience d'Israël dans l'œuvre de 1807. En deuxième lieu, il semble que le rôle du jugement infini dans le chapitre en question peut être utile pour penser le jugement en tant qu'institut juridique et gnoséologique, ce qui permettrait d'unifier les thématiques que nous avons développées jusqu'à maintenant de façon partiellement alternative, c'est-à-dire, d'une part, le problème de la loi et celui de la parole et de l'autre, plus en général, la question du rôle joué par Israël dans ce contexte. Pour finir, la fonction d'Israël dans le chapitre cinq de la *Phénoménologie* est importante dans la mesure où elle mène à une revalorisation du Judaïsme qui, au lieu d'être un terme de comparaison, bien qu'incontournable, devient l'expression d'une véritable expérience exemplaire.

On peut partir de ce qui est l'élément le plus important pour notre analyse, c'est-à-dire le fait que Hegel, dans la critique de la physiognomonie et la phrénologie en tant que pseudosciences, a recours à la dialectique de la proposition.

Pour mettre en évidence les vices capitaux qui affectent les pseudosciences auxquelles le chapitre est consacré, Hegel se base sur l'analyse du lien entre sujet et prédicat. Celui qui croit pouvoir condamner quelqu'un à partir de la conformation simplement factuelle de la physionomie de ses ossements, comme si celle-ci était son être originaire et son destin, se comporte, *mutatis mutandis*, comme celui qui se contente d'affirmer que « sujet et prédicat valent chacun pour soi, où le Soi-même est fixé comme Soi-même, la chose fixée comme chose, et où pourtant l'un est censé être l'autre » [*W* III, p. 262 ; *PhdE*, p. 247].

L'analogie entre les deux positions provient, dans les deux cas, du fait que le sujet, qui devrait trouver dans le prédicat son altération et donc sa vérité, est en fait conçu en tant que *hypokeimenon*, c'est-à-dire en tant que substance indépendante et figée. Cette analogie suggère surtout que le fait de concevoir le sujet en tant que *hypokeimenon* n'est pas foncièrement différent de l'option qui consiste à réduire le substrat essentiel d'un homme à sa voûte crânienne.

Les deux options concernent l'ordre de l'être mort, alors que c'est cet aspect qui exerce sa domination avec sa propre façon de concevoir la copule : « S est P ». Sous cet ordre, la copule n'est autre que la ratification de l'être originaire du sujet qui *est* son prédicat.

> [...] L'*être* en tant que tel n'est pas du tout la vérité de l'esprit. De même que la disposition est déjà un *être originel* (*ein ursprüngliches Sein*) qui ne prend aucune part à l'activité de l'esprit, l'os, de son côté, est également un être de ce type. Sans l'activité spirituelle, ce qui est, est une chose pour la conscience, et est si peu son essence que c'est même bien plutôt le contraire de celle-ci [*W* III, p. 256 ; *PhdE*, p. 242].

Tant que l'on conçoit le terme « est » de la proposition sans tenir compte du caractère spirituel de l'activité qu'il crée, la copule est destinée à être cruellement dépourvue d'esprit (*geistlos*).

Cela n'empêche pas que la connaissance selon laquelle « l'extérieur est l'expression de l'intérieur » [*W* III, p. 257 ;

PhdE, p. 242] soit tout autant dépourvue d'esprit. Hegel se réfère encore une fois à la pseudoscience affirmant que les traits extérieurs et matériels d'un sujet devraient démontrer la bonne ou la mauvaise qualité de son essence intérieure. Il semble que cette perversion, qui identifie immédiatement l'expression externe de l'intériorité à sa propre manifestation accomplie depuis toujours, cède à la tentation subtile de l'inversion immédiate de la conception qui fait du sujet un *hypokeimenon*. Bien que le sujet ne soit pas l'*hypokeimenon* que le prédicat se limite de vérifier, l'intellection spéculative du langage doit, par ailleurs, démontrer autre chose ; en illustrant la manière dont l'unité conceptuelle retourne en soi, c'est-à-dire la manière dont P retourne à S, la raison spéculative doit tout de même sauvegarder l'idée que le sujet *n'est pas* son prédicat, c'est-à-dire que le premier ne s'épuise pas dans le deuxième.

Cette remarque sert à comprendre que l'unité conceptuelle, tout en écrasant la structure de la proposition ordinairement entendue, peut unifier uniquement dans la mesure où elle ramène le prédicat, dans lequel le sujet est passé, à la subjectivité elle-même. En d'autres termes, il s'agit donc du prédicat qui apporte une modification à la subjectivité sans pourtant l'annuler. Le moment central de ce processus est donc l'expérience dont la proposition est un témoin principal.

Le risque inhérent à l'incapacité de retourner en arrière est exemplifié par le fait que la raison, à l'apogée de sa perversion, identifie *immédiatement* l'extérieur en tant qu'expression de l'intérieur. De ce fait, elle aplatit les deux termes sur le *status* de la simple chose (*Ding*) ; en prenant au mot le passage du sujet au prédicat, elle finit par affirmer, suite à un *déficit* herméneutique qui transforme la possibilité de la conversion en perversion, que « l'être de l'esprit est un os » [*W* III, p. 260 ; *PhdE*, p. 245] ou bien, comme on pourrait l'ajouter, son être devient tel que celui des « ossements de morts ».

4.1 *La loi de la physiognomonie et de la phrénologie. Entre for intérieur et for extérieur*

Cette partie de la *Phénoménologie*, correspondant à une période plus mature de la pensée hégélienne, pourrait justifier, bien que seulement *ex post*, la raison pour laquelle la langue d'Israël *lautet hart*. Tout comme il y a une cognition ordinaire de la proposition, selon laquelle le sujet ne serait que l'*hypokeimenon* par rapport auquel les prédicats ne sauraient être que de simples accidents, il y a une cognition opposée, mais égale de la substance, qui dissout le sujet en un prédicat si abstrait qu'elle risque, à maintes reprises, de le réifier. Il semble donc que la partie phénoménologique observée mette en garde de manière plus approfondie contre les risques déjà identifiés dans *L'esprit du christianisme*. Lorsque l'on fait de Dieu un être, comme c'est le cas dans Exode 3, 14 de manière tautologique, on finit par l'isoler de l'expérience à tel point que l'on aplatit Dieu lui aussi sur le statut du simple *Ding*. En d'autres termes, l'intellection du divin d'Israël risque de faire de la proposition qui énonce la façon d'être de Dieu une condamnation à la solitude qui appartient aux choses mortes, telle que celle des ossements, à savoir un *caput mortuum*. L'accusation envers Israël semble par conséquent, dans la *Phénoménologie*, encore plus grave : bien que dans l'ordre religieux, l'esprit vétérotestamentaire n'est pas très différent de celui qui est à la base de la posture de la phrénologie.

Néanmoins, et il s'agit de l'élément le plus stupéfiant, Hegel mentionne en même temps l'expérience d'Israël comme si elle était l'antidote face aux résultats pervertis auxquels aboutit la phrénologie. Tout en exprimant la condition de la perversion de la raison, Israël fait l'objet de l'expérience grâce à laquelle cette perversion peut se transformer en véritable conversion, *Verkehrung*.

> Mais par là même il semble aussi que la raison observante ait en fait atteint son point culminant, et qu'à partir de celui-ci, elle doive prendre congé d'elle-même et se renverser (*überschlagen*) ; car seul ce qui est entièrement mauvais a en soi la nécessité immédiate de s'invertir [*W* III, p. 257 ; *PhdE*, p. 243].

Afin de démontrer que la perversion est en mesure d'aboutir à la conversion, Hegel cite l'expérience d'Israël.

De même qu'on peut dire du peuple juif que c'est précisément parce qu'il se trouve immédiatement devant la porte du salut, qu'il est et a été le plus réprouvé des peuples ; ce qu'il était censé être en soi et pour soi, cette auto-entité, il ne l'est pas à ses yeux, mais la repousse au-delà de soi ; par cette aliénation (*Entäusserung*), il se rend *possible* une existence qui serait plus élevée s'il pouvait reprendre en soi (*zurücknehmen*) son objet, que s'il était resté arrêté dans l'immédiateté de l'être ; parce que l'esprit est d'autant plus grand, qu'est plus grande l'opposition d'où il revient en lui-même [*W* III, p. 257 ; *PhdE*, p. 243].

Ce qui est surprenant est qu'Israël, dans cette circonstance, devient l'exemple de l'expérience de l'esprit. Pour comprendre ce bouleversement apparent il faut envisager le fait que ce chapitre présente un autre thème fondamental, en plus de celui du langage, qui nous permet d'intégrer le rôle inédit joué par Israël dans le cadre de la dialectique de la phrénologie et donc du jugement infini.

Comme le suggère l'insistance sur la problématique de l'autonomie, l'autre thème de ce chapitre concerne la loi. Ce n'est pas un hasard si la partie sur la physiognomonie et la phrénologie s'ouvre sur une référence au problème de la loi qui préside au rapport entre la conscience de soi et la réalité effective. En d'autres termes, se pose le problème suivant : de quelle manière la manifestation extérieure intervient dans la nature de l'individu tel qu'il est en soi ?

À la suite d'une dialectique déjà minée par le préjugé selon lequel l'en-soi serait une *nature originaire*, l'antithèse qui naît au sein de l'individu, qui est aussi pour-soi, réside dans la division entre son être en soi en tant que qualité originaire et sa manifestation extérieure. Tout d'abord, du point de vue de la physiognomonie et de la phrénologie, cette antithèse est médiatisée de manière extrinsèque, car la médiation est identifiée dans le simple *donné* de la corporéité, qui serait la manifestation immédiate et « angeboren » [*W* III, p. 234], donc inconditionnée de l'intériorité.

Hegel souligne ensuite que l'intériorité et l'extériorité, à ce moment précis, seraient toutefois aplaties sur le statut de l'être mort, puisque le rapport entre les deux dimensions serait établi *a priori*, indépendamment de toute expérience.

Par conséquent, l'élément le plus problématique est ce qu'il faut comprendre par expression de l'intérieur dans l'extérieur. Cette difficulté est confirmée par le fait que, si l'on est convaincu que l'intérieur et l'extérieur ne seraient faits que du simple être, comme s'ils étaient chacun pour soi et en soi, les manifestations principales de l'individu, soit le langage et le travail, deviendraient par conséquent inaptes à manifester l'intériorité. Mais pourquoi ? On a déjà évoqué, par rapport au pharisaïsme, une dialectique semblable, et la réponse, dans ce cas spécifique, est que le langage et le travail, s'ils ne sont pas envisagés de manière spirituelle, finissent par exprimer l'intérieur « trop » et « trop peu » [cf. *W* III, p. 233-234 ; *PhdE*, p. 224] ; trop, parce que l'extérieur serait réduit à la pure manifestation de l'intérieur, ce qui ferait du langage et du travail des instruments simples et dépourvus de tout pouvoir performatif ; trop peu parce que sinon la différenciation en vertu de laquelle l'intérieur, en étant en soi, est justement intérieur, ferait défaut.

Cela va sans dire que le rapport entre intérieur et extérieur, chez Hegel, fait l'objet d'une thématique inépuisable, qui peut être analysée à partir de plusieurs points de vue. Hegel souligne néanmoins que « dans cette apparition phénoménale, l'intérieur est un invisible *visible*, mais sans être rattaché à elle » [*W* III, p. 239 ; *PhdE*, p. 228] et que « c'est la visibilité en tant que visibilité de l'invisible qui est l'objet de l'observation » [*W* III, p. 240 ; *PhdE*, p. 229]. Dans l'*incipit*, il suggère, suite à l'échec de la psychologie, que les pseudosciences analysées (la physiognomonie et la phrénologie) visent à trouver la loi qui régule le rapport entre la conscience de soi et la réalité effective. Il semble donc légitime d'avancer l'hypothèse selon laquelle l'intérieur et l'extérieur, dans ce cadre, correspondent au for intérieur et au for extérieur.

En effet, le for intérieur, selon une tradition pluriséculaire relevant principalement de l'Église, constitue le théâtre décisif et cependant invisible qui, étant intérieur, peut ne pas laisser de trace. En même temps, on sait également que le for intérieur peut aussi avoir des effets sur le for extérieur. Cela signifie donc que le deuxième, bien que de façon problématique, doit en quelque sorte être la manifestation *visible* du premier. Si la problématique initiale concerne l'idée qu'il existe une loi en mesure de régler le rapport entre la conscience de soi et la réalité effective, l'interrogation critique de Hegel vise, à la lumière de ce que l'on vient de dire, à remettre en question la possibilité que le rapport entre for intérieur et for extérieur puisse être régi par une véritable loi. Il nous semble surtout que Hegel veut, de façon encore plus radicale, remettre en question la distinction entre for extérieur et for intérieur, puisque ce dernier, en tant qu'expression prétendument authentique et pure de la simple intention, ne saurait être qu'une tromperie, pire encore un piège posé par la conscience de soi à soi-même.

Hegel essaie de montrer que toute tentative de différenciation entre le for intérieur et le for extérieur risque, même inconsciemment, de retomber dans la position pseudo-scientifique de la physiognomonie et phrénologie. L'instance de régulation du rapport entre for intérieur et for extérieur, loin d'aboutir à une loi, n'est que l'expression d'une simple intention mentale (*Meinung*), qui, comme toute *Meinung*, d'après le premier chapitre de la *Phénoménologie,* ne peut aboutir à une formulation verbale. « Entre les deux côtés que la conscience pratique a chez elle, entre l'envisagement (*das Beabsichtigen*) et l'acte (*die Tat*), entre *l'opinion intime* (*das Meinen*) sur son action, et *l'action* elle-même, l'observation choisit le premier côté comme intérieur vrai » [*W* III, p. 240 ; *PhdE*, p. 229].

En ce sens, Hegel veut démontrer que la neutralité apparente du *Meinen* recèle en fait quelque chose ayant une visée intérieure et donc aveugle. Le *Beabsichtigen*, ou encore l'*Absicht*, dont la signification principale est semblable à celle du verbe français « viser », ont la prétention de voir alors qu'ils sont aveugles face à l'obscurité solitaire de l'intériorité, coincés comme un angle mort entre le for intérieur et extérieur. La prétention de régler le rapport conflictuel entre for intérieur et for extérieur au moyen d'une loi, ce qui semble être le but ultime de l'observation physiognomonique, se base sur le présupposé suivant : l'unique dimension authentique de l'esprit est l'intériorité, soit « la caractéristique de l'intention (*die Eigenheit der Absicht*) » [*W* III, p. 241 ; *PhdE*, p. 229]. Cela aboutit néanmoins à la réduction de l'esprit à « gemeinter Geist » et de l'existence à « gemeintes Dasein » [*W* III, p. 241]. Hegel joue, comme il l'a déjà fait dans le premier chapitre, sur plusieurs significations du verbe *meinen*. Dans ce contexte, il y a au moins deux nuances du terme à valoriser.

D'un côté, comme le lexique des frères Grimm le rappelle[60], *meinen* signifie « absicht haben, beabsichtigen, wollen ». C'est encore une fois l'abîme paulinien de la volonté qui semble se placer comme arrière-fond du développement. En même temps, le verbe *meinen*, dans la *Phénoménologie*, caractérise de façon péjorative une certaine aptitude envers la connaissance.

Pour les Grimm, le verbe *meinen*, selon sa définition principale, correspond aux verbes latins *intelligere*, *cogitare* et surtout, pour ce qui nous intéresse, *putare*. En lisant la *Phénoménologie,* on comprend immédiatement que celui qui *meint* est donc quelqu'un qui *présume* savoir quelque chose de façon la plus certaine et solide et qui, pourtant, est toujours démenti par l'épreuve de l'expérience et du dialogue. Cela signifie que le savoir du *Meinen* est faux, ou mieux, présomptueux.

Le fait que le langage ait le pouvoir de *verkehren* la *Meinung* signifie qu'aucune *Meinung* ne peut trouver d'expression linguistique sans que le contenu de son savoir présumé soit *bouleversé*. En d'autres termes, l'objet du *Meinen* est un savoir présumé et la *Meinung* reste toujours une présomption, une prétention destinée à ne jamais être vérifiée. Hegel caractérise donc l'*Absicht,* à la base de ce *Meinen,* du point de vue de la volonté (*wollen*, *beabsichtigen*) et de la connaissance (*putare*) en tant que *Eigenheit*, ce qui implique, selon le lexique des frères Grimm[61], une vision particulariste : la *Vorstellung der Besonderheit*.

Les expressions « gemeinter Geist » et « gemeintes Dasein », qui sont à peine traduisibles, signifient par conséquent au moins une chose ; que la réduction de l'esprit et de l'existence à la

---

[60] Cf. Bd. 12, Sp. 1924.

[61] Cf. Bd. 3, Sp. 97.

particularité de l'intention pure, c'est-à-dire du for intérieur, est le résultat d'une simple présomption.

De ce fait, la physiognomonie exprime un *unmittelbares Meinen*, qui doit faire l'expérience du bouleversement qui caractérise la *Meinung* depuis celle de la certitude sensible. Mais où peut-on observer ce renversement ? Dans la prétention de réduire l'esprit et l'existence à la pureté de l'intention intérieure qui aboutit à la présomption de pouvoir trouver la loi qui régit le rapport entre for intérieur et for extérieur. Et c'est justement cette loi présumée qui pervertit ce qui est *gemeint*. C'est donc la position qui voulait réduire l'esprit à la simple intention intérieure qui finit par l'aplatir sur la *unmittelbare sinnliche Gegenwart des individuellen Geistes*. Le bouleversement de la *Meinung*, tout en visant à la protection de cette prétendue pureté intérieure, mène à l'absolutisation de l'extériorité la plus dépourvue de signification. Le rapport problématique entre for intérieur et for extérieur est donc réduit à une loi extrinsèque qui lie une intériorité présumée à une extériorité immédiate, incarnée par les traits, muets et dépourvus de sens, d'un corps.

Les intentions du pharisaïsme légaliste se pervertissent, de ce fait, à deux reprises. En premier lieu, comme on l'a vu, la pureté de l'intériorité se renverse dans la silencieuse dureté des traits du corps. En deuxième lieu, l'intention légale de régler le rapport entre for intérieur et for extérieur aboutit à un principe qu'aucune loi ne pourrait soutenir, soit l'instance de sanctionner non pas un crime, c'est-à-dire un fait, mais la tendance à le commettre. « Ce n'est pas l'assassin, le voleur qui sont censés être reconnus, mais *l'aptitude à l'être* » [*W* III, p. 241 ; *PhdE*, p. 229-230].

Au point où nous en sommes il est évident que le rapport entre for intérieur et for extérieur finit par devenir l'objet d'un dilemme sans solution : d'un côté, la sphère de l'acte accompli se montre comme ce qui renverse l'intention intérieure et donc la trahit ; de l'autre côté, il apparaît que, même si on veut ratifier la correspondance légale entre intérieur et extérieur, ce dernier est réduit à un signe muet et indifférent, soit « le masque (*die Maske*) » [*W* III, p. 240 ; *PhdE*, p. 228] de l'individualité.

Cela ne signifie pas que toute considération du problème de l'intériorité aboutisse au comportement pharisaïque et hypocrite de la physiognomonie ; ces remarques mettent néanmoins en garde sur le fait que toute position voulant privilégier de façon unilatérale la pureté de l'intention intérieure risque de scinder l'individu en-soi de l'individu pour-soi, c'est-à-dire de séparer l'intention de l'acte ou, encore pire, la nature présumée originaire d'un homme de son expérience concrète. À la suite de tout cela, la valorisation de l'intériorité pure risque de transformer le pharisaïsme, en tant que péril auquel il faut tout de même se confronter, en un comportement constitutif, qui fait du moment problématique de la *Verkehrung*, de la conversion, une perversion méthodique, à cause de laquelle le visage d'un individu ne peut plus être distingué de son masque. En d'autres termes, cela signifie que condamner un individu à l'abîme solitaire de son intériorité n'est pas si différent que le fait de le condamner en se basant sur les traits de son front ou de son nez, « car la figure singulière, comme la conscience de soi singulière, en tant qu'être qu'on présume est inénonçable (*die einzelne Gestalt wie das einzelne Selbstbewußtsein ist als gemeintes Sein unaussprechlich*) » [*W* III, p. 241 ; *PhdE*, p. 230].

Tout comme la *Meinung* de la certitude sensible qui est bouleversée dès qu'elle tente de dire ce qu'elle présume savoir, la présomption que l'intériorité, au moyen de sa pureté, puisse trouver une manifestation extérieure adéquate, ne peut pas être énoncée sans être altérée. L'analyse du cas de la phrénologie et de la physiognomonie, qui radicalise de façon presque caricaturale l'instance de régler le rapport entre for intérieur et for extérieur, semble mettre en lumière les contradictions auxquelles on aboutit lorsque l'on veut exprimer le for intérieur comme s'il était un lieu séparé de l'individualité et donc tout à fait pur et transparent à soi-même. On peut donc imaginer que la pureté du for intérieur, tout comme l'être des choses que la certitude sensible voudrait exprimer comme si c'était la vérité la plus solide, ne ressort que de la *Meinung* elle-même. L'antithèse apparente sans solution entre le *velle* intérieurement bon, dont l'écho ne peut qu'être paulinien, et le mal accompli dans le for extérieur, pourrait n'être que le résultat d'une fiction de l'égo. Nous voyons, ici, un égo si désespérément solitaire qu'il cherche l'image de son soi le plus intime dans un miroir qui fatalement lui renvoie uniquement les traits muets et figés de son propre visage.

Le cas du pseudo-savoir de la physiognomonie et de la phrénologie, tout en faisant l'objet du paroxysme de tout pseudo-savoir, semble atteindre enfin une valeur exemplaire. En effet cette analyse nous rappelle que la conviction de pouvoir rendre visible le for intérieur à partir du for intérieur lui-même (de façon *autonome*) risque encore, en étant assujetti à une *Meinung*, de se soustraire au pouvoir de la conversion pour se renfermer dans la perversion qui naît de la solitude abstraite d'un théâtre intérieur qui reste autiste. D'ailleurs, la prétention de régler au moyen d'une loi le rapport entre for intérieur et for extérieur est similaire à la prétention de justification du for intérieur face à la loi grâce au for intérieur lui-même. Dans les deux cas, le rapport institué n'est qu'une simple présomption, parce qu'en vérité le sujet de cette présomption n'est jamais sorti de sa *Meinung* intérieur.

Les *lois* que cette science tâche de trouver, sont des relations entre ces deux côtés présumés (*dieser beiden gemeinten Seiten*), et ne peuvent donc elles-mêmes être rien d'autre qu'un point de vue intime vide (*ein leeres Meinen*) [*W* III, p. 242 ; *PhdE*, p. 230].

4.2 *Israël et la porte du salut. La pensée et l'expérience*

Hegel, en aboutissant à la *pars construens* de son argumentation, souligne qu'en revanche « *l'être vrai* de l'homme est bien plutôt son acte ; c'est en cet acte que l'individualité est effective, et c'est lui qui abolit (*hebt auf*) la conjecture intime (*das Gemeinte*) dans ses deux côtés » [*W* III, p. 242 ; *PhdE*, p. 231].

Mais quels sont, plus précisément, les aspects que l'individualité peut *aufheben* ? Il s'agit du for intérieur et du for extérieur, conçus dans leur indépendance et autonomie réciproques. Lorsque l'individualité agit et se livre à l'objectivité, elle est en effet altérée, mais cette altération est loin d'être le résultat d'une perversion. Au contraire, cette altération (*Veränderung*) nous dit quel est le statut constitutif de toute action, qui n'est rien d'autre que, de nouveau, la modification et la conversion : *Verkehrung*. Seul l'acte, dans sa solidarité avec l'intériorité, montre la vitalité de cette dernière, qui est vouée à se manifester et donc à être altérée.

La physiognomonie envisage l'extériorité comme un « *langage* : l'invisibilité visible de son essence », ce qui fait que l'aspect extérieur devrait se superposer à « la présence parlante de l'individu » [*W* III, p. 244 ; *PhdE*, p. 232]. Ce qui néanmoins fait l'objet d'un malentendu fatal est que ce pseudo-savoir, qui s'en tient à la posture de la *Meinung*, veut relier le for intérieur à celui extérieur de manière immédiate, en finissant donc par réduire l'intérieur et l'extérieur à de simples choses (*Dinge*) [cf. *W* III, p. 243 ; *PhdE*, p. 232]. C'est parce que l'extériorité est plutôt langage que l'acte accompli, tout comme la parole par rapport à la certitude sensible, est en même temps *Verkehrung*. Ce qui signifie que le for intérieur est une fiction dans la mesure où il se place en deçà de l'expérience.

Face à la *Meinung*, l'acte est précisément ce qui joue un rôle analogue à celui de la parole, et a la vocation de transformer l'intériorité en quelque chose d'extérieur, dans laquelle elle trouve sa consistance et son efficacité réelle. L'individualité ne peut pas résider dans un noyau positif d'être, à plus forte raison si, comme on le sait, l'être auquel la *Meinung* attribue une solidité irrésistible se montre toujours aussi fragile et ne peut même pas trouver d'expression linguistique. L'individualité, par conséquent, n'est rien d'autre qu'une intériorité qui, en se manifestant, implique une certaine négativité : « l'essence négative qui n'est qu'en abolissant l'être » [*W* III, p. 239 ; *PhdE*, p. 231].

Au point où nous en sommes, nous pouvons revenir sur la conclusion de la partie consacrée à la physiognomonie et à la phrénologie pour voir de quelle manière le thème du jugement infini est lié à l'expérience d'Israël, évoquée *apertis verbis* à un seul endroit.

Tout d'abord on peut souligner, suite à ce que l'on a essayé de montrer, que la tendance à accomplir le mal, qui habite même la bonne volonté du prétendu for intérieur, relève de la mauvaise qualité de la pensée elle-même : « plus une pensée est mauvaise, moins on remarque parfois en quoi réside précisément ce qui la rend mauvaise, et plus il est difficile de l'expliciter » [*W* III, p. 258 ; *PhdE*, p. 242-243].

La pensée valorise l'abstraction du for intérieur d'autant plus que la conversion constitutive qui appartient à l'intériorité est saisie en tant que perversion. Dès lors que le for intérieur s'isole comme s'il était une essence autonome, toute extériorité n'est rien d'autre qu'un accident dépourvu de signification, de sorte que le corps ne devient rien d'autre qu'un signe indifférent qui se place sous l'ordre de la choséité. Le problème est justement que le for intérieur lui-même, dont la *Meinung* voulait valoriser la pureté, finit par être séparé de l'esprit, dont le mouvement fondamental, comme on le sait déjà depuis la Préface, est l'extériorisation.

Ce qui caractérise la position de la *beobachtende Vernunft* dans le cas de la phrénologie et de la physiognomonie est que dans ces pseudosciences la raison atteint le sommet de sa perversion, ce qui signifie que l'abstraction qui sépare le for intérieur de celui extérieur expérimente, voire fait l'expérience concrète, de leur unité. En mettant en lumière les conséquences ultimes de la *Meinung*, qui réduit l'intériorité à un lieu marqué par le solipsisme, la raison s'en remet malgré elle à une véritable expérience. Lorsqu'elle arrive à affirmer que l'être de l'esprit est un os, elle finit *volens nolens* par ôter la séparation entre for intérieur et for extérieur car elle les assimile de façon immédiate. En dernier lieu, en énonçant *apertis verbis* ce qui serait resté tout simplement l'intention muette de la *Meinung*, elle expérimente le pouvoir de la *Verkehrung*. De ce fait « l'être de l'esprit est un os » devient un jugement infini.

D'une part, celui-ci exprime la perversion de la raison, de l'autre il témoigne de la *Verkehrung* pour laquelle toute *Meinung*, pour peu qu'elle soit disponible à manifester sa propre intention ou conviction intérieure, est destinée à se dissoudre dans l'expérience.

Mais par là même il semble aussi que la raison observante ait en fait atteint son point culminant, et qu'à partir de celui-ci, elle doive prendre congé d'elle-même et se renverser (*sich überschlagen*) ; car seul ce qui est entièrement mauvais a en soi la nécessité immédiate de s'invertir (*sich zu verkehren*) [*W* III, p. 239 ; *PhdE*, p. 243].

Seule l'énonciation de l'intention intime et muette du for intérieur, qui aboutit à une perversion, permet l'accès à la conversion. Mais pourquoi ? Parce qu'il n'y a que comme ça que la *beobachtende Vernunft* « doit prendre congé d'elle-même » [*W* III, p. 239 ; *PhdE*, p. 243], comme l'observe Hegel. L'important, ici, est que ce renversement de l'intention intérieure se passe sans que la conscience le sache ou le veuille. En d'autres termes, pour la première fois, l'expérience soustrait forcément le for intérieur à la condamnation de l'autonomie.

Le jugement infini, en montrant que la distance est apparemment irrécupérable entre les termes de la proposition, comme celle existante entre le for intérieur et extérieur, aboutit en réalité à leur superposition et donc à une identification immédiate qui subvertit la *Meinung*. La conséquence la plus importante est la séparation entre la conscience de soi et la loi, qui ne peuvent être réunies que dans l'expérience. Face à l'option qui, afin de contraster la distance entre le for intérieur et la loi, englobe cette dernière dans le premier, le jugement infini ébranle l'intégrité présumée du for intérieur pour laisser entrer en lui la négativité, c'est-à-dire ce par quoi la *Meinung*, une fois scindée de l'aliénation qui lui est essentielle, n'est qu'une misérable présomption. Cela signifie aussi que le jugement infini place enfin la pensée face à sa propre indigence ; ce qui en même temps permet à la pensée de faire alliance avec l'expérience et de laisser derrière elle son propre *caput mortuum*, qui est néanmoins le début de la pensée. Dans ce contexte, Hegel mentionne l'expérience d'Israël comme si elle était paradigmatique. On a déjà cité le passage en entier, mais il est utile de le reproduire à nouveau pour en donner une interprétation analytique.

> De même qu'on peut dire du peuple juif que c'est précisément parce qu'il se trouve immédiatement devant la porte du salut, qu'il est et a été le plus réprouvé des peuples ; ce qu'il était censé être en soi et pour-soi, cette auto-entité, il ne l'est pas à ses yeux, mais la repousse au-delà de soi ; par cette aliénation (*Entäusserung*), il se rend *possible* une existence qui serait plus élevée (*ein höheres Dasein*) s'il pouvait reprendre (*zurücknehmen*) en soi son objet, que s'il était resté arrêté dans l'immédiateté de l'être ; parce que l'esprit est

d'autant plus grand, qu'est plus grande l'opposition d'où il revient en lui-même [*W* III, p. 257 ; *PhdE*, p. 243].

Hegel souligne tout d'abord que le peuple hébreu a été le peuple le plus isolé parce qu'il s'est trouvé devant les portes du salut. Mais que veut dire, en particulier, l'expression relative aux portes du salut ? Dans ce contexte il semblerait qu'il y ait une référence indirecte à Mt 7 13-14 : « Entrez par la porte étroite. Car large est la porte, spacieux est le chemin qui mènent à la perdition, et il y en a beaucoup qui entrent par là. Mais étroite est la porte, resserré le chemin qui mènent à la vie, et il y en a peu qui les trouvent ».

On pourrait légitimement penser que la porte du salut est la porte étroite qui mène à la vie. En effet, comme l'a affirmé Hegel, le peuple hébreu a eu l'accès à une « existence supérieure », mais de quelle manière ? Le point qui semble fondamental, dans ce parcours qui mène à la vie et au salut, est que le peuple juif a renoncé à l'autonomie, en transférant au-delà de lui-même l'essence autonome. Cela signifie que l'existence supérieure, dont l'accès est réservé aux Hébreux, relève du fait qu'ils s'en sont remis à la loi, c'est-à-dire à partir d'une extériorisation (*Entäusserung*).

En effet, le rapport d'Israël à la loi, qui dans l'écrit de 1798-1799 aboutissait à une critique très dure, est dans l'œuvre de 1807 réévalué au point d'évoquer une nouvelle interprétation spéculative. L'extériorisation, dans ce dernier contexte, semble en effet fonctionner comme antidote de la *Meinung* liée à la fiction du for intérieur. En se livrant sans hésitation à la loi, Israël montre de quelle manière l'expérience permet de se soustraire à l'enchantement trompeur de l'autonomie, c'est-à-dire à la tentation auto-absolutoire du pharisaïsme.

Alors que dans l'écrit de Francfort Hegel semblait valoriser, par rapport au problème de la loi, le jugement de Jésus contre la position de Paul et l'asservissement qui aurait caractérisé les Hébreux, dans la *Phénoménologie* il fait de l'expérience d'Israël ce qui permet de traverser la porte étroite qui mène à la vie dont Jésus a parlé. En d'autres termes, cela signifie que c'est l'expérience de cette extériorisation et aliénation qui inaugure et baptise la vie de l'esprit.

Face à la *Meinung* obstinée du for intérieur, dépourvue d'esprit, l'aptitude spirituelle naît donc de l'intériorité destinée à se convertir, c'est-à-dire à se faire *Entäusserung*. Cet acte n'est toutefois que le début de la vie de l'esprit, car, après cette aliénation fondamentale, il faut retourner en arrière, afin que l'esprit puisse récupérer le début de l'expérience elle-même.

Ainsi demeure valable le principe déjà esquissé dans *Foi et savoir* et ensuite approfondi dans le passage de l'*Encyclopédie* que l'on a analysé auparavant et selon lequel la loi libère de la loi. Dans ces cas, Hegel se limite à souligner que cela est vrai dans la mesure où la *Gesetzmäßigkeit*, est tout simplement le début de la pensée, non pas son principe foncier. Dans le cinquième chapitre de la *Phénoménologie,* Hegel ajoute un élément tout à fait inédit, exemplifié par l'expérience des Hébreux. On peut facilement mettre en lumière un changement, par rapport à la position précédente, si l'on prend en compte que, du moins d'un point de vue idéal, dans le passage de la *Phénoménologie* en question, Israël exprime une position radicalement alternative à celle de Kant, alors que, dans les années 1798-1799, le paradigme kantien et celui vétérotestamentaire par rapport à la loi se succédaient sans solution de continuité.

Dans *L'esprit du christianisme,* l'analogie entre les deux réside en ceci que Kant, pour résoudre le rapport conflictuel entre l'individualité et la loi, déplace la loi à l'intérieur du sujet, pour en fonder son autonomie, et l'esprit vétérotestamentaire ferait la même chose, tout en fondant l'esclavage de la subjectivité envers la loi. Même si apparemment opposées, les deux options sont finalement égales, ce qui vise à la fois à montrer qu'autonomie et servitude ne sauraient être que deux faces d'une même médaille. Par contre, dans la *Phénoménologie*, Hegel semble valoriser l'aliénation produite par la loi en tant que moment qui libère de la loi car il consent l'émancipation de la tentation, ou, mieux encore, du piège tendu par l'autonomie.

Mais de quelle manière l'aliénation peut-elle nous libérer du piège de l'autonomie ? Dans l'œuvre de 1807, l'attention est concentrée sur deux éléments : d'une part, bien que de façon indirecte, Hegel soulève le problème de la *Meinung* du for intérieur ; d'autre part, il insiste sur l'aliénation supportée par Israël qui est une véritable expérience. L'aliénation produite par la loi est une véritable expérience qui de ce fait libère de la *présomption* de l'autonomie et mène par conséquent à la vie de l'esprit.

De quelle manière peut-on néanmoins justifier cette réévaluation de l'expérience de l'aliénation dont Israël est le représentant ? Même si ce n'est pas affirmé *apertis verbis* dans le texte, il faut considérer que le rôle paradigmatique attribué à Israël relève du fait que, dans la *Phénoménologie*, Hegel veut mettre en lumière la centralité de l'expérience. En ce sens, l'aliénation soufferte par Israël à la suite de la fondation du principe de la légalité, qui est le début de la pensée, montre dans quelle mesure l'expérience, quoiqu'on fasse et à tout moment, est une forme de trahison de la propre autonomie présumée. Au point où nous en sommes, la figure d'Israël est donc une figure paradigmatique au moins pour deux raisons ; parce qu'elle montre le caractère constitutivement traître de toute expérience en tant que telle – on voit là une première *Verkehrung* – ; et car une fois supportée la souffrance réelle provenant de cette expérience, elle se trouve devant la porte étroite qui permet à la pensée de saisir la possibilité d'union avec l'expérience elle-même, ce qui fait l'objet d'une deuxième *Verkehrung* ouvrant la vérité spirituelle du renversement de notre *Meinung*. Puisque « l'esprit est d'autant plus grand, qu'est plus grande l'opposition d'où il revient en lui-même » [*W* III, p. 257 ; *PhdE*, p. 243], son pouvoir relève d'une double conversion.

Pour conclure ce chapitre, une remarque critique au sujet d'un lieu important de la littérature secondaire consacrée à ce thème et une remarque herméneutique sont nécessaires.

Comme l'a souligné Emil Fackenheim, la possibilité de dépasser le légalisme réside dans la capacité de repérer au sein de la loi, au-delà du légalisme lui-même, non plus le moteur de la séparation, mais une forme de relation. De ce fait, la pensée de la loi, dans son inépuisable signification théorique, montre à la fois que l'unité se place aux antipodes de l'immédiateté et doit se confronter à l'altérité. Pour Fackenheim, le rapport de Hegel avec Israël est oscillant, marqué par l'hésitation et par plusieurs changements de position, comme notre analyse l'a démontré, car la constellation vétérotestamentaire présenterait un aspect tellement radical qu'elle met en question à maintes reprises la pensée hégélienne dans son entière démarche[62]. Il s'agit, selon Fackenheim, de la différence par excellence, c'est-à-dire la différence entre homme et Dieu, à laquelle Hegel se confronterait de manière constitutivement ambiguë pour sauvegarder la visée d'une pensée qui voudrait enfin réconcilier, en raison de son esprit spéculatif, toute déchirure. L'interprétation de Fackenheim, qui est un lecteur juif à l'esprit aiguisé et sensible à Hegel, doit sans aucun doute nous faire réfléchir. Cependant, et justement à la suite de la suggestion proposée par Fackenheim, il faut remarquer que, du moins dans la *Phénoménologie*, Hegel semble se charger de l'instance d'Israël au point de faire de l'expérience hébraïque l'*exemplum* de la vie de l'esprit, ce qui ne peut pas être ignoré dans le cadre d'une réflexion au sujet de Hegel et Israël. En revanche, il nous semble que Hegel, du moins dans l'œuvre de 1807, prend tellement au sérieux cette confrontation qu'il radicalise, en le transposant sur un plan différent, le sens de la remarque de Fackenheim. Afin d'expliquer ce point, il faut revenir sur certaines remarques faites dans la première partie, consacrée à l'*incipit* de *L'esprit du christianisme*.

À cette occasion, on avait affirmé que Hegel, tout en n'ayant aucune justification apparente, avait conçu l'esprit d'Abraham comme placé sous le signe de la scission. On avait toutefois remarqué que Hegel avait postulé cette scission sans pourtant l'expliquer. Au point où nous en sommes et à la lumière de la confrontation plus mûre à Israël que l'on trouve dans la *Phénoménologie*, on peut clarifier de quelle sorte de scission il s'agit et pourquoi Hegel n'avait pas pu, dans l'écrit de 1798-1799, développer sa remarque de manière analytique. Il s'agit, en effet, comme la *Phénoménologie* le dévoile, de la scission

[62] Cf. E. Fackenheim, *Hegel and Judaism. A Flaw in the Hegelian Mediation*, in *The Legacy of Hegel. Proceedings of the Marquette Hegel Symposium 1970*, *op. cit.*

entre l'individu et la loi qui, loin de pouvoir être révoquée, représente le début de l'expérience spirituelle. Le fait que Hegel n'ait pas pu la déterminer, à l'époque de l'écrit francfortois, nous permet de dire que cette difficulté ne relève pas d'une hésitation subjective, mais bien d'un problème concernant la chose elle-même. Il s'agit, en effet, d'une différence que la pensée peut penser mais qu'elle ne peut pas *créer* ou, alors, de quelque chose qui, en relevant de l'expérience, ne peut en aucun cas être déduite *a priori*. Il nous semble, donc, que dans l'œuvre de 1807, non seulement Hegel ne renie pas la différence posée par Israël, mais il en fait même l'emblème de la différence entre la pensée et l'expérience, en valorisant le fait que le peuple juif est le peuple aliéné par rapport à la loi et ayant renoncé à l'autonomie présumée de la pensée.

Pour finir, il faut remarquer que cette différence représente la condition nécessaire, bien que pas suffisante, pour que la pensée se lie à elle-même et saisisse l'occasion de se réconcilier avec sa propre expérience.

1. *Le nid de contradictions de la morale*

Dans la troisième et dernière partie de cette étude, nous nous concentrerons presque exclusivement sur l'analyse de la section finale du sixième chapitre de la *Phénoménologie de l'esprit*, « C) L'esprit certain de lui-même. La moralité ». Une conclusion de ce genre ne devrait pas sembler inopportune. Ce choix est motivé tout d'abord par le fait que le problème du rapport entre loi et jugement semble mener tout le développement de l'analyse hégélienne de la vision morale du monde. Dans ce contexte, ce qui nous intéresse particulièrement est le dévoilement des contradictions de la morale, dévoilement qui entraîne leur dépassement grâce au moment du pardon, qui préannonce les thèmes de la religion et l'apparition de l'esprit absolu qui achève le parcours de la *Phénoménologie*[63]. C'est d'autant plus important que comme l'on a vu dans les chapitres précédents, le thème du rapport entre loi et jugement se situe précisément entre le domaine juridico-moral et celui théologique proprement dit. Cette contiguïté, c'est à dire la

[63] Comme cela a pu être observé, le développement sur le *Gewissen* constitue une véritable « antichambre de la conscience religieuse » (K. Bal, *Der Begriff des Gewissens im Gesamtbild der Systemkonzeption*, in *Die Eigenbedeutung der Jenaer Systempkonzeptionen Hegels*, éd. H. Kimmerle, Akademie Verlag, Berlin 2004, p. 229-238, p. 234). Le développement du thème de la morale qui inaugure le problème du *Gewissen* et l'agnition du pardon même s'il évoque le thème de la reconnaissance en termes également pratiques, déjà traités dans le développement du chapitre quatre sur la conscience de soi, est dans le contexte du chapitre six conçu comme la structure ultime qui prédispose au passage à la religion et au savoir absolu (voir à ce sujet, D. Köhler, *Hegels Gewissendialektik*, « Hegel-Studien », 28 (1993), p. 127-141). Pour nous concentrer sur notre propos nous avons laissé de côté la confrontation sur les aspects qui laissent voir l'enchevêtrement avec le thème de la reconnaissance dans la philosophie pratique et dans la philosophie du droit.

proximité intime entre les deux dimensions, est possible grâce à la médiation du langage qui, comme on va le voir, joue un rôle décisif dans la dialectique de la moralité et du *Gewissen* et promeut enfin le tournant spirituel du pardon.

Il faut toutefois dès à présent mettre en évidence une question de fond qui traverse la confrontation de Hegel avec la loi et le jugement. D'une part, une partie de ce thème fondamental est ancrée dans la confrontation entre Hegel et Israël. Etant donné la finalité de cette étude et la période dont elle s'occupe principalement (1798-1807), il me semble que cet aspect de la thématique a été traité de façon exhaustive grâce à l'analyse du rôle paradigmatique joué par l'expérience d'Israël dans le passage du cinquième chapitre de la *Phénoménologie*. Dans la première partie, on a vu que dans *L'esprit du christianisme* Israël est placé sous le signe d'une conception intellectualiste du divin, qui risque d'empiéter sur le pharisaïsme, auquel on a associé, en suivant certaines indications hégéliennes, le comportement de l'entendement kantien. En revanche, on a ensuite remarqué que l'expérience concrète d'Israël, telle quelle est évoquée dans la *Phénoménologie*, incarne le paradigme de la façon dont la pensée est modifiée par l'expérience et, par cela même, aboutit à la prise de conscience du besoin qu'elle a de l'expérience elle-même, ce qui représente l'une des connaissances fondamentales recherchées dans la *Phénoménologie*. Même si dans un premier temps, nous nous sommes limités à opposer la compréhension du jugement que l'on trouve dans le Nouveau Testament à la vision juive et paulinienne de la loi, le caractère paradigmatique acquis de façon inédite par Israël dans l'œuvre de 1807 montre une fois de plus à quel point la confrontation avec Israël fait l'objet d'un moment incontournable de l'élaboration d'une pensée qui vise à la réconciliation et à thématiser son rapport à l'expérience.

La conclusion de la deuxième partie, qui se concentre sur la façon dont Hegel développe *in philosophicis* l'idée d'un jugement infini, dont on a dévoilé l'arrière-plan théologique, allait dans cette direction. Cette dernière partie est consacrée à l'analyse de la vision morale du monde et à celle du *Gewissen* qui fait ressortir comme thème dominant l'approfondissement du point de vue kantien qui se place jusqu'à un certain moment sous le signe de la constellation vétérotestamentaire et l'élucide. Il s'agit d'une continuité philologique qui, on l'espère, devrait justifier la démarche de cette étude.

Tout cela n'est que l'un des aspects de la question fondamentale qui traverse la confrontation plus générale entre Hegel, la loi et le jugement.

En effet, face au caractère critique et libérateur du jugement selon le Nouveau Testament et du jugement infini dont Hegel parle dans la *Phénoménologie* et dans la *Science de la logique*, il faut mettre en lumière la nécessité de définition de ce qui est enraciné dans une condition de la pensée qui fait néanmoins partie de l'expérience et qui doit être, par conséquent, thématisé afin d'ouvrir sur une possible réconciliation. On parle ici d'une condition qui vaut pour la position vétérotestamentaire, à certains égards pour le pharisaïsme conscient de lui-même appartenant à Paul, et sans aucun doute pour Kant. Il s'agit en effet de la solitude dans laquelle le sujet risque de sombrer chaque fois qu'il se confronte à la loi, qui fait du pharisaïsme – ou, pour employer le terme de la dernière section du sixième chapitre, de l'hypocrisie – une menace constitutive et presque inévitable. Pour souligner l'importance de désamorcer le cercle vicieux qui se crée entre la loi et le pharisaïsme/hypocrisie, il faut remarquer, comme l'a évoqué Henry Silton Harris[64], que c'est la dialectique et le dépassement du nid de contradictions de la morale qui annoncent la formation de la communauté qui, selon l'œuvre de 1807, est religieusement marquée, c'est-à-dire la communauté dont Hegel parle *apertis verbis* dans l'analyse de la religion révélée (septième chapitre) qui précède le passage à l'esprit absolu.

On va donc essayer de définir, de façon unitaire et synthétique, le risque auquel, selon les différentes perspectives évoquées et approfondies auparavant, Hegel se confronte, en valorisant le caractère à la fois subjectif et objectif de ce que l'on peut nommer expérience de la pensée. Pour se rapprocher de cette définition, on peut recourir à quelques réflexions formulées par Hannah Arendt.

---

[64] Cf. H.S. Harris, *Hegel's Ladder*, *op. cit.*, II, p 472-473.

Au cours de son analyse sur la Révolution française et la loi de suspicion instaurée par Robespierre, thématiques auxquelles la *Phénoménologie* consacre une section importante, Arendt souligne que, chaque fois que le point de vue moral essaie de pénétrer les méandres les plus cachés du cœur, c'est-à-dire dans les motivations intimes qui restent dans l'ombre de l'intériorité, la tendance à la suspicion devient fatale. Une fois l'instance d'exploration du cœur humain absolutisée dans son secret, la *Meinung* s'impose inévitablement, dirait Hegel, car ce qui se manifeste dans le for extérieur ne saurait être qu'une apparence sous laquelle se cachent des motivations non déclarées et des arrière-pensées inavouables. En d'autres termes, l'apparence en tant que telle semble destinée à être une mystification.

Cette affirmation donc que personne ne peut se soustraire à l'accusation d'hypocrisie d'où provient par conséquent la guerre à l'hypocrisie sur laquelle est fondée la loi de suspicion, se base sur une conviction encore plus profonde qui définit la vision morale du monde. Elle consiste à dire que la vérité du cœur humain se trouve dans son intime solitude. Toutefois, « quand nous disons que personne si ce n'est Dieu ne peut voir (et, peut-être, ne peut supporter de voir) un cœur humain dans sa nudité, *personne* ne comprend notre propre moi – ne fût-ce que parce que notre sentiment de la réalité sans équivoque est si lié à la présence des autres que nous ne pouvons jamais être assuré de rien, que de ce que nous connaissons nous-mêmes »[65].

Néanmoins, séparer la solitude du cœur d'une part et son rapport concret à la communauté et à l'action d'autre part signifie en ratifier l'aspect exclusivement monologique. Cela est vrai à tel point que, comme on l'a vu lorsque l'on parlait du pharisaïsme dans lequel risque de tomber celui qui, en se regardant dans le miroir, ne veut rien d'autre que se démasquer soi-même, cette attitude semble condamner le sujet à toujours soupçonner sa propre culpabilité. En d'autres termes, cela signifie qu'afin de se soustraire à l'hypocrisie envers autrui, le sujet devient hypocrite envers soi-même. L'hypocrisie, ou ce qu'auparavant on avait appelé pharisaïsme, constitue un tel

[65] H. Arendt, *Essai sur la révolution* (1963), trad. fr. M. Chrestien, Gallimard, Paris 1967, p. 138.

danger dans le domaine des réflexions consacrées à la morale qu'elle a été « détestée plus que tous les autres vices pris ensemble ».[66]

L'hypocrisie est en effet le plus présomptueux des vices. Contrairement à celui qui se contente de tromper autrui, demeurant dans l'ambiguïté avec soi-même et qui ainsi n'efface pas son rapport aux autres, l'hypocrite, étant un comédien comme le suggère l'étymologie, reste confiné dans le théâtre autistique de son intériorité.

> Il n'existe pas d'*alter ego* devant lequel il puisse apparaître sous sa vraie forme, du moins pas tant que se prolonge la représentation. Sa duplicité, par cette raison même, revient en boomerang sur lui, et il n'est pas moins la victime de son mensonge que ceux qu'il a entrepris de tromper. Psychologiquement parlant, on peut dire que l'hypocrite est trop ambitieux : non seulement il veut paraître vertueux à autrui, mais, même, il veut se convaincre lui-même[67].

La présomption et l'ambition de l'hypocrite résident dans le fait qu'il prétend être en même temps accusé, juge et témoin. En étant le faux témoin de soi-même, l'hypocrite se soustrait au jugement d'autrui, en se confinant encore une fois dans l'étroitesse de sa propre solitude. Ce vice semble cependant être un risque provenant de la vision morale du monde, où le sujet veut être transparent à soi-même avant même d'agir et indépendamment de toute altérité. C'est pourquoi la *Meinung* de l'hypocrite, ou bien de la bonne conscience pharisaïque, est une *Meinung* qui, en fin de compte vise à distinguer l'être du paraître, le for intérieur du for extérieur. Selon cette *Meinung*, le risque de l'hypocrisie dépend de l'idée d'un être conçu comme l'opposé du paraître. Mais, comme Arendt le souligne, « dans le domaine des affaires des hommes, l'être et l'apparence sont réellement une seule et même chose »[68].

En d'autres termes, cela signifie que si le point de vue de l'être face à l'apparaître et l'instance de rendre le cœur humain transparent étaient absolutisés, non seulement personne ne

---

[66] *Ibid.*, p. 144.
[67] *Ibid.*, p. 148.
[68] *Ibid.*, p. 141.

pourrait pardonner autrui, mais personne ne pourrait même poser les bases du pardon en tant que tel.

1.1 *Le devoir savant*

La vision morale du monde constitue le bouleversement de l'esprit certain de lui-même (le monde éthique) mais aussi de l'esprit étranger à lui-même (le monde de la culture), qui aboutit à la terreur de la révolution et à la furie du *Verschwinden*. Après que la terreur ait sacrifié le réel, et tout ce qui est singulier, sur l'autel de l'universalité, de manière à ce que le seul acte parfaitement libre ne puisse être que la mort, la conscience de soi finit par envisager le réel en tant qu'objectif corrélatif de son savoir pur. Mais quel est le contenu de ce savoir ? Rien d'autre que le devoir qui est l'essence absolue. Comme le devoir ne peut provenir de l'extérieur, il s'agit d'un devoir enraciné dans l'intériorité de la conscience. De ce fait, la conscience de soi morale « est renfermée en soi même (*in sich selbst beschlossen*) » [*W* III, p. 442 ; *PhdE*, p. 400].

Par conséquent, aux yeux du sujet moral, comme pour le sujet éthique, la réalité effective est dépourvue de signification. Toutefois, à la différence du sujet éthique, qui luttait contre la partie du réel qui ne correspondait pas à sa loi de référence, la subjectivité morale est tout à fait indifférente au réel dans la mesure où elle semble être tout d'abord parfaitement autosuffisante. La liberté de conscience morale est donc aussi liberté négative envers le réel. Le fait que la conscience se sache libérée du réel signifie que ce dernier doit être libre en soi et donc complètement autonome. De ce point de vue, le réel est donc une nature qui a des lois qui n'ont rien à voir avec celles de la liberté.

Dans ce contexte, Hegel reformule la distinction kantienne entre nature et liberté qui constitue le problème dramatique de la *Critique de la faculté de juger*. Cette différence assez grave est aussi présente dans le domaine de la vision morale du monde décrite dans la *Phénoménologie*. Alors que d'une part l'autonomie de la liberté met malgré elle en place l'autonomie de la nature, de l'autre la conscience du devoir en tant qu'essence absolue rabat la nature sur un niveau tout à fait dépourvu d'autonomie et de sens.

> [La conscience morale] découvre par expérience que la nature n'est pas soucieuse de lui donner la conscience de l'unité de son effectivité et de la sienne, et que donc *peut-être*, elle la laissera devenir *heureuse*, mais que, *peut-être*, aussi elle *ne* la laissera *pas* devenir heureuse [*W* III, p. 444 ; *PhdE*, p. 401].

À la différence de la conscience qui n'est pas morale et qui trouve dans la convergence entre le but de son action et la nature un heureux hasard, la conscience morale doit présupposer cette convergence car elle ne peut pas renoncer *a priori* à son propre bonheur. Par conséquent, la nature, après avoir été d'un côté ce qui est tout à fait autonome et, de l'autre, ce qui n'a aucune autonomie face à la moralité, devrait enfin et malgré tout ne faire qu'un avec la conscience. Cette dernière, selon la doctrine kantienne du souverain bien, doit postuler l'unité entre la moralité et le bonheur[69]. Celui-ci, étant un postulat propre à la raison, ne vise pas une unité originaire, mais une unité qui est le résultat du dépassement de l'antithèse immédiate qui réside à l'intérieur de l'individu. En effet, la nature n'est pas simplement une dimension extérieure par rapport à l'individualité. En revanche, tout individu participe à la nature dans la mesure où il est toujours confronté à la conscience sensible, allant de pair avec la conscience universelle qui se pense comme déclinaison du devoir pur.

En tant que première approximation, le sujet moral devrait effacer complètement sa propre sensibilité, mais cela contredit la conscience du fait que c'est grâce à la sensibilité, donc dans la nature, que le sujet peut achever sa vocation morale.

---

[69] Pour un approfondissement de la présence de Kant dans ce chapitre, voir F.C. Beiser, *Morality*, in *The Blackwell Guide to Hegel's* Phenomenology of Spirit, éd. K.R. Westphal, Wiley-Blackwell, Oxford 2009, p. 209-225.

Etant donné que le sujet moral doit ôter sa propre sensibilité mais qu'il en a besoin afin de réaliser sa moralité, l'harmonie entre moralité et sensibilité est tout simplement postulée, ce qui signifie que « l'achèvement de celle-ci est repoussé à l'infini » [*W* III, p. 446 ; *PhdE*, p. 403]. Dans cette allusion à la figure kantienne du saint, la conscience morale semble être, comme Henry Silton Harris le remarque, la répétition, *mutatis mutandis*, dans l'ordre de la rationalité de la conscience malheureuse[70].

La convergence de la moralité et du bonheur ne peut que rester, de ce fait, « une tâche absolue, c'est-à-dire une tâche qui toujours demeure purement et simplement une tâche » [*W* III, p. 447 ; *PhdE*, p. 403]. La première aporie de la vision morale du monde est donc que, tout en visant un but déterminé, elle ne peut pas l'accomplir sans tomber dans une contradiction. En deuxième lieu, la conscience morale retombe sur une ambiguïté qui est encore plus grave dans la mesure où elle est fondatrice de son point de vue. Elle se définit en tant que conscience du devoir alors qu'il n'existe pas de devoir pouvant ne pas être décliné selon la particularité du réel, ce qui signifie que le devoir, qui apparemment est pur et simple, doit forcément s'articuler en une pluralité de lois, soit en *devoirs déterminés*. Lorsqu'une conscience s'en tient exclusivement au devoir dans sa pureté et qu'une autre conscience s'en tient à un devoir déterminé, l'inégalité entre les deux ne peut que réaffirmer la séparation entre la conscience morale et la réalité effective. Toutefois, afin que la conscience puisse accomplir son propre devoir, elle a aussi besoin de l'autre conscience qui, en revanche, pense le devoir en tant que devoir déterminé. Cela conduit à remarquer que le devoir pur, envisagé par la conscience en tant que sa propre essence, excède en vérité les limites de la conscience elle-même. De ce fait, la conscience morale est constitutivement « imparfaite » [*W* III, p. 449 ; *PhdE*, p. 405].

Le fait que la conscience doive admettre son imperfection réelle ne l'empêche pas de continuer à insister sur la proximité entre le devoir abstrait et son propre savoir. Par conséquent, en suivant le principe selon lequel le devoir est l'essence absolue,

---

[70] H. S. Harris, *Hegel's Ladder*, *op. cit.*, II, p. 419.

l'imperfection réelle est envisagée par la conscience comme foncièrement inessentielle, de la même façon que la réalité en général. Tout comme l'institution de la logique de la pensée, que nous avons analysée d'après *L'esprit du christianisme*, qui ne produisait rien d'autre qu'un objet simplement pensé, le contenu de la conscience morale est un *contenu pensé*. Le postulat *a priori* selon lequel il y a une harmonie entre moralité et bonheur, liberté et nature, fait face à l'énoncé opposé selon lequel, dans l'ordre du réel, « il n'y a pas de réalité moralement effective » [*W* III, p. 452 ; *PhdE*, p. 407]. De quelle manière la conscience morale peut-elle donc maintenir le fragile équilibre de sa position ? Elle confie le dépassement des contradictions à un au-delà qu'elle peut se représenter.

La vision morale du monde se révèle donc comme « un nid entier de contradictions sans pensée » [*W* III, p. 453 ; *PhdE*, p. 409]. L'expression, qui renvoie évidemment à un passage de la *Critique de la raison pure*[71], fait l'objet d'une allusion très claire à la position de la conscience morale kantienne. Néanmoins et plus en général, Hegel vise à mettre en lumière le fait que la conscience morale, dans la mesure où elle s'en tient au point de vue moral, finit par ne plus être morale. Ce qui revient à se demander si la conscience morale, telle qu'elle se pense et réfléchit sur sa position, peut arriver à une réelle possibilité de se comporter et de s'énoncer de manière sincère.

Ce n'est pas un hasard si, dans ce contexte, le concept de travestissement (*Verstellung*) joue un rôle décisif, auquel Hegel consacre toute la section « b » de l'analyse de la vision morale du monde. La version française de Lefebvre, qui traduit le mot allemand par le terme *travestissement*, vise à souligner la parenté entre l'opération que la conscience morale est forcée de faire et l'hypocrisie proprement dite. Puisque l'hypocrisie, comme on l'a déjà vu, puise sa propre signification dans le masque porté par le comédien sur scène, la *Verstellung* est sans aucun doute une forme de travestissement. Mais il ne peut pas nous échapper que le terme en question comprend deux autres significations. Comme on l'a déjà vu, en effet, la conscience

---

[71] Cf. *KdV*, B 637.

morale est l'expression d'une position qui, tout en aboutissant à deux issues réciproquement incompatibles (le postulat de la convergence entre moralité et bonheur et la constatation de l'imperfection qui appartiendrait à toute conscience morale réelle, quelle qu'elle soit), peut arriver à se représenter dans la pensée la validité de son propre savoir, c'est-à-dire que le devoir est l'essence. Puisqu'une représentation de ce genre est une *Vorstellung*, cette opération, à la suite d'un glissement presque imperceptible mais dénoncé par l'assonance entre les deux termes, est déjà en soi un mode de la *Verstellung*. En effet, le mot *Heuchelei*, selon le lexique des frères Grimm, signifie aussi *Umformung*, *Verschiebung*[72].

De ce point de vue, la position de la conscience morale est en soi affectée par le comportement ordinaire de l'entendement qui, en basculant d'une contradiction à l'autre, n'est pas en mesure de penser les éléments qui s'opposent dans leur unité foncière. En d'autres termes, le premier allié de la vision morale du monde est justement l'entendement, qui n'arrive pas à se poser et encore moins à résoudre la question suivante : de quelle manière la conscience morale, dans la mesure où elle est morale, finit par être immorale ? Le point de vue de la morale, cette dernière étant une ultérieure déclinaison du point de vue de l'entendement, n'est pas en mesure de se confronter à son problème fondamental, c'est-à-dire que c'est la stricte fidélité à la moralité qui produit l'immoralité.

En deuxième lieu, en suivant une fois encore l'analyse sémantique du terme présenté par le lexique des frères Grimm, cette transposition ou ce déplacement constant, dont la vision morale du monde a besoin pour garder son propre point de vue, aboutit à une véritable *deformatio*[73]. Demandons-nous toutefois ce qui fait l'objet de cette déformation. Face à la position de l'hypocrisie, qui est la conséquence de la *moralische Weltanschauung*, celle de la *Verstellung* montre une différence significative. Alors que l'hypocrite, en ayant pris *trop au sérieux* son innocence prétendue, finit par se comporter en juge incorruptible et par là même hypocrite de soi-même, la

[72] Cf. Bd. 25, Sp. 1736.
[73] *Ibid.*

conscience morale ferait n'importe quoi pour se maintenir dans sa propre position. Elle est donc obligée de *ne pas prendre au sérieux* sa propre adhésion au devoir. Au lieu de se charger du caractère malheureux de sa propre position, elle est prête à questionner tous ses propres présupposés et postulats (1 moralité et bonheur doivent coïncider ; 2 il n'y a pas de conscience morale réelle parfaite). Le déplacement et l'oscillation entre un énoncé et l'autre produisent par conséquent une *déformation* de la moralité elle-même.

Comme Henry Silton Harris[74] l'a remarqué, Hegel vise non seulement à démasquer les contradictions du point de vue kantien, mais aussi à souligner que la position de Fichte n'est autre chose que la confirmation ou la consolidation de l'ambiguïté de la morale kantienne. C'est justement la primauté de la dimension pratique, grâce à laquelle Fichte vise à dépasser les contradictions dont Kant était déjà conscient, qui remet en cause la stabilité du point de vue moral. Dans la mesure où la primauté de la dimension de l'action est valorisée, mais que cette dernière ne peut pas être prise en compte par l'agent, la *Verstellung* est donc la conséquence propre de l'attitude morale, et ceci vaut autant pour le point de vue du criticisme (Kant) que pour celui de l'idéalisme (Fichte). « Elle [la conscience] confesse par là même qu'elle ne prend, en fait, ni l'un ni l'autre au sérieux » [*W* III, p. 454 ; *PhdE*, p. 409].

Cette remarque vise à souligner que Fichte, pour prendre au sérieux les contradictions impliquées par la position de Kant, finit par les radicaliser et les faire déflagrer de manière encore plus évidente que chez Kant. Fichte montre *volens nolens* que pour réparer les inconsistances de la raison pure, il faut privilégier la raison pratique, mais c'est justement le comportement pratique de la conscience morale qui dément *de facto* cette primauté présumée. Alors que, chez Kant, il y a encore une possibilité que la conformité entre le but de l'adhésion au devoir et la réalité effective indifférente se présente dans un au-delà, en devenant une tâche, chez Fichte la contradiction entre la centralité de l'action et le déplacement progressif vers l'infini semble absolutiser la valeur de tout ce qui est accidentel. En

[74] H.S. Harris, *Hegel's Ladder*, *op. cit.*, II, p. 429.

d'autres termes, une fois énoncée *apertis verbis* la primauté de l'action, la contradiction devient brûlante, étant donné le clivage irrécupérable entre le souverain bien et le fait qu'on ne peut rien faire de bon. Avec Fichte le travestissement semble finir par être total et totalisant.

Mais tout ceci n'est, une fois de plus, qu'un nouveau travestissement de la chose, car en cela toute action et toute moralité tomberaient complètement. Ou encore, elle n'est pas à proprement parler très sérieusement intéressée par l'action morale, mais le plus souhaitable de tout, l'absolu, serait que le souverain bien fût effectué et que l'action morale soit superflue [*W* III, p. 456 ; *PhdE*, p. 411].

Tout comme elle finit par être immorale bien qu'elle sache que le devoir est son essence, la conscience, dès qu'elle prêche la nécessité du point de vue moral, le rend superflu et donc le supprime. Encore une fois, lorsque l'essence est identifiée immédiatement au devoir pur, la possibilité que le point de vue moral adhère complètement à la réalité devient si faible qu'il disparaît complètement. Ce qui signifie que la position d'une moralité pure entraîne toujours la position d'une immoralité systématique. Il faut donc souligner à nouveau le caractère monologique de la conscience morale, qui se laisse duper ou bien est victime de tous les pièges tendus par la tentation de l'autonomie. En toute logique cela n'empêche pas néanmoins que la moralité achevée, puisqu'elle n'est pas le résultat de la conscience déterminée, doive quand même résider dans quelque chose d'autre. La moralité elle-même, bien que conçue en tant que certitude de soi-même, garde en soi l'être-autre.

Mais ceci n'est soi-même à son tour qu'un travestissement de la chose. La conscience de soi morale, en effet, est à ses propres yeux l'absolu, et le devoir n'est tout simplement que ce qu'elle *sait* comme devoir ; or, elle ne sait comme devoir que le pur devoir ; ce qui n'est pas sacré à ses yeux, n'est pas sacré en soi, et ce qui n'est pas sacré en soi ne peut être rendu sacré par l'essence sacrée. Il n'est donc pas du tout question sérieusement pour la conscience morale de faire sacraliser quelque chose *par une autre* conscience que ce qu'elle est elle-même, car n'est tout simplement sacré à ses yeux que ce qui l'est par *soi et en elle.* Il est donc tout aussi peu sérieusement question que cette autre essence soit une essence sacrée, car serait alors censé parvenu en elle à l'essentialité quelque chose qui, pour la conscience morale, c'est-à-dire en soi, n'a pas d'essentialité [*W* III, pp. 460-461 ; *PhdE*, p. 414].

On voit encore une fois que la conscience morale est aussi immorale. En s'opposant à tout ce qui la contredit pour sauvegarder sa propre pureté, elle fait du réel et des autres consciences quelque chose de totalement instrumental. La conscience morale n'envisage pas la réalité effective qui excède le savoir pur de son devoir. Pour faire face aux contradictions auxquelles elle tente d'échapper, soit que la moralité et le bonheur doivent converger étant donné qu'aucune conscience morale ne peut accomplir sa tâche, elle finit malgré elle par avouer ne pas prendre au sérieux cette contradiction. Lorsqu'elle prend conscience de la contradiction, au lieu de se libérer de sa propre ambiguïté elle tombe dans l'hypocrisie. Elle devient donc pure « conviction morale (*Gewissen*) » [*W* III, p. 464 ; *PhdE*, p. 417]. Il s'agit d'une figure qui, en visant à illuminer les méandres de ses motivations intimes, est déjà en soi victime de l'hypocrisie, mais elle l'est de manière double car elle prétend être consciente de sa propre hypocrisie elle-même. « Le refus *dédaigneux* de ce travestissement serait déjà la première manifestation de l'hypocrisie » [*W* III, p. 464 ; *PhdE*, p. 417]. Comme Henry Silton Harris l'a remarqué, le passage du point de vue moral à celui de la conviction morale dénonce que le premier, en tant qu'allié de l'entendement, a en soi le mauvais infini[75]. Comme on l'a démontré dans la première partie de cette étude, cela confirme *mutatis mutandis* que le passage de la mauvaise conscience pharisaïque, soit celle que Hegel nomme *Verstellung*, à la bonne conscience pharisaïque, soit celle victime de sa propre *Heuchelei*, est un passage fatal, l'une étant le *recto* et l'autre le *verso*.

[75] *Ibid.*, p. 440.

Avant de passer à l'analyse du *Gewissen*, il faut se concentrer sur la signification du terme dont la traduction en langues étrangères est assez difficile. En général, la langue allemande dispose d'au moins deux mots pour restituer l'ampleur sémantique de ce qui correspond au terme latin *conscientia*, soit *Bewußtsein* et *Gewissen*. Le premier terme évoque l'idée d'une conscience dont la nature est théorique, alors que le deuxième définit le domaine de la conscience par rapport à la morale. Néanmoins les nuances de la signification du mot *Gewissen* sont nombreuses et variées et Hegel, toujours attentif à l'étymologie des mots, insiste sur ces significations multiples de manière significative.

Comme le lexique des frères Grimm le fait observer, la première connotation du terme est religieuse et morale à la fois : de ce point de vue l'usage du terme est établi par Luther. Le *Gewissen* définit le passage grâce auquel le comportement, au lieu d'être régi par la perception, est déterminé par l'acte de juger[76]. À nouveau selon les Grimm, qui mentionnent des exemples tirés de Mélanchthon, le terme caractérise une action correcte dans la mesure où elle se place en référence à la volonté de Dieu, et donc est le résultat de l'influence du regard et des opérations divines. Comme cela a déjà été souligné[77], ce mélange de significations différentes est présent aussi chez Luther, dont le concept de *Gewissen* n'acquiert jamais, à proprement parler, la dimension de l'autonomie de la conscience, étant donné que cette dernière n'a de sens que dans la relation entre homme et Dieu. Face à l'intellectualisme de la théologie scolastique, Luther relie la dimension du *Gewissen* et celle de la foi et du cœur.

L'élément le plus important, à l'égard d'une question si complexe que nous n'avons qu'esquissée, réside dans le fait que chez Luther la dimension du *Gewissen*, proche de la foi qui provient du cœur, est aussi une forme de certitude, une capacité

[76] Cf. Bd. 6, Sp. 6219.

[77] *Vocabulaire européen des philosophies*, éd. B. Cassin, Seuil/Dictionnaires Le Robert, Paris 2004, p. 264-265 (partie rédigée par Ph. Büttgen).

de juger des œuvres qui devrait aboutir à une sorte d'auto-évidence, afin que la conscience devienne libre dans la mesure où sa foi est certaine et lui fournit une base solide. Par conséquent, au lieu d'être proche du champ sémantique du *Bewußtsein*, le *Gewissen*, chez Luther, partage la *Grundbedeutung* de *gewiss*, d'où découle la *Gewissheit* en tant que certitude.

La centralité du thème du jugement, par rapport au *Gewissen*, est soulignée aussi par Kant, qui, dans *La religion dans les limites de la simple raison*, associe ce mot à la capacité de juger dans le champ de la moralité : « die sich selbst richtende moralische Urtheilskraft »[78]. Il s'agit, en d'autres termes, de la capacité de juger de manière conforme à la loi et au devoir moral.

Chez Hegel, la signification du mot renvoie sans aucun doute à sa parenté étroite avec *Gewissheit*, mais comprend aussi une référence à la conscience morale kantienne. Toutefois cela n'est pas suffisant pour rendre compte de la pluralité des sens dans son usage tout au long du texte de la *Phénoménologie*. Ce n'est pas un hasard si les trois principales traductions françaises optent pour trois solutions différentes. Jean Hyppolite adopte, dans le cas de *Gewissen*, deux solutions qui visent à rester fidèles à la richesse du mot, soit « conscience morale » ou « bonne conscience ». Jean-Pierre Lefebvre, en traduisant le terme par « conviction morale », souligne cette certitude comme étant néanmoins subjective, c'est-à-dire une certitude qui tire sa force de la pureté de l'intériorité. Gwendolin Jarczyk et Pierre-Jean Labarrière, en revanche, unissent les deux nuances dans la solution « certitude morale », ce qui vise à mettre en lumière le caractère presque tautologique de ce genre de certitude, inébranlable et inflexible envers et contre tout. Ramon Derathé, en commentant sa traduction des *Principes de la philosophie du droit*, justifie son choix du terme « conscience » pour souligner le fait que, chez Hegel, le terme renvoie aussi à l'exemple de son usage chez Bayle et Rousseau, pour lesquels la conscience est le juge infaillible et sans appel du bien et du mal. Ce qui sert à souligner, de façon contrastive,

[78] *AA* VI, p. 186.

que l'emploi du mot, chez Hegel, est donc lié à une critique radicale, soit à une déconstruction véritable, de la position philosophique sous-jacente du mot. Le *Gewissen*, selon Hegel, est une simple certitude subjective qui, en tant que telle, peut s'opposer à la dimension de la *Wahrheit* et donc prendre le mal pour le bien.

En revenant sur le texte de la *Phénoménologie*, on peut y retrouver certaines nuances dont on a parlé. Le *Gewissen* est tout d'abord la conscience du devoir pur qui se superpose au savoir pur : les deux choses sont une et même chose. Alors que la vision morale du monde dépassait l'antinomie de la morale en déplaçant le problème au sein d'une autre essence ou en différant sa solution dans une progression jusqu'à l'infini, le *Gewissen* se charge de ces contradictions ; tandis que la conscience morale présentait ces contradictions dans son contenu, le *Gewissen* les montre dans sa forme. En valorisant la parenté entre le *Gewissen* et la *Gewissheit*, le lecteur de la *Phénoménologie* ne peut pas faire autrement que de soupçonner que le premier reproduise, sur le terrain du savoir moral, c'est-à-dire dans son comportement à l'égard du devoir, la posture qui caractérisait la *sinnliche Gewissheit* par rapport à l'être de l'objet. Le doute se trouve dans le fait que la position du *Gewissen* repose sur une simple *Meinung*. Ce n'est pas un hasard si Hegel définit l'identité entre le devoir et le savoir pur comme ce qui fait l'objet de l'« être » de la conscience. En effet, cela rappelle l'être qui, dans le premier chapitre, était le corrélatif d'une *Meinung* qui, néanmoins, ne pouvait même pas être énoncée sans être bouleversée, ou plutôt renversée. Ce renversement relève notamment de la fonction du langage. Pour consolider ce doute, on peut donc souligner que dans la section en question, soit la fin du sixième chapitre qui ouvre sur le chapitre consacré à la religion, le rôle du langage est décisif.

Il faut rappeler, dans ce contexte, un tournant ultérieur de la section autour de la certitude sensible, dont on a déjà parlé précédemment, soit celui qui souligne que le langage « a la nature divine de renverser (*verkehren*) immédiatement l'opinion ». Le concept sous-jacent à l'emploi du mot *Gewissen* se place à l'intersection entre la faculté morale de juger et celle de se poser en continuité avec la foi et le sentiment religieux.

Cela ne signifie pas, pour Hegel, que le *Gewissen* ait en soi une signification religieuse. Cet entrelacement dénonce plutôt la dialectique produite par la position du *Gewissen* comme étant créatrice des bases de la poursuite de la dimension spirituelle et d'une *communitas* dont la nature est religieuse. Cette dialectique est marquée par une expérience linguistique, qui est la seule à permettre une reconnaissance réciproque et véritable entre les consciences, et souligne une fois de plus à quel point le pouvoir du langage est « divin » pour plus d'une raison.

Avant d'entrer dans le vif du sujet, il faut remarquer que le thème et le problème de la reconnaissance sont centraux dans la section, puisqu'il s'agit de passer d'une reconnaissance unilatérale à une autre qui doit devenir bilatérale.

Hegel, dans l'introduction de la section consacrée au *Gewissen*, résume quelques étapes qui caractérisent le développement de l'esprit en soulignant que la vérité du monde éthique, représentant l'esprit vrai, soit l'esprit certain de lui-même, se trouve dans le concept juridique de « personnalité », dont l'existence réside dans le fait que celui qui est personne doit « être reconnu » [*W* III, p. 465 ; *PhdE*, p. 418]. Dans ce passage, ce qui nous intéresse est que la reconnaissance impliquée par le concept de personnalité n'est que légale ; c'est donc une reconnaissance tout à fait abstraite.

Il faut rappeler que, pour Hegel, cette représentation de la personnalité est ambiguë à l'égard de la signification effective du terme à deux endroits textuels des *Principes de la philosophie du droit*. D'une part, la personnalité, qui est selon la *Critique de la raison pratique* la liberté et l'indépendance par rapport au mécanisme de la nature, est la chose la plus haute, au point de pouvoir parler de personnalité divine. D'autre part, étant donné qu'il s'agit d'une liberté formelle, le point de vue abstrait est aussi à la base du concept de personnalité : point de vue sous lequel le sujet, envisagé *indépendamment* de toute expérience effective, est virtuellement très fragile, puisqu'il fait partie de tous les accidents et les hasards du monde réel. Citer le passage en allemand permet de faire profiter au lecteur des nuances linguistiques que l'on peut y trouver.

> Das höchste des Menschen ist, Person zu sein, aber trotzdem ist die bloße Abstraktion Person schon im Ausdruck etwas Verächtliches. Vom Subjekte ist die Person wesentlich verschieden, denn das Subjekt ist nur die Möglichkeit der Persönlichkeit […]. Als *Diese* Person weiß ich mich frei in mir selbst und kann von allem abstrahieren […] und doch bin ich ein ganz bestimmtes […]. Die Person ist also in einem das Hohe und das ganz Niedrige [§ 35, *Zusatz*].

Puisque « die Person [ist] also in einem das Hohe und das ganz Niedrige », le concept lui-même de personnalité semble garder en soi une duplicité de dimensions et de plans. On peut ajouter que, tout en étant la chose la plus haute chez l'homme, la personnalité est aussi le point de vue abstrait sous lequel tout homme n'est qu'un « Dieser » (en italique dans le texte), le pronom démonstratif qui fait l'objet du corrélatif objectif de la *Meinung* du premier chapitre de la *Phénoménologie*. Ce qui nous mène encore une fois à souligner qu'il s'agit, bien évidemment, de passer d'une reconnaissance abstraite et unilatérale à une reconnaissance bilatérale et spirituelle. La référence au concept de personnalité, comme souvent dans la démarche en spirale de la *Phénoménologie*, nous suggère toutefois que le *Gewissen* aussi hérite d'une partie de l'ambiguïté qui définit le concept de personnalité. Pour expliquer la manière dont le *Gewissen* croit qu'il peut dépasser les antinomies de la vision morale du monde, Hegel remarque :

> La conscience de soi morale laisse son universalité en liberté, en sorte que celle-ci devient une nature propre, et de la même manière elle la garde fermement en elle comme universalité abolie. Mais elle n'est que le jeu de travestissement (*Verstellung*) où ces deux déterminations sont alternativement troquées l'une contre l'autre. C'est seulement en tant que conviction morale (*Gewissen*) qu'elle a enfin dans sa certitude de soi le contenu pour le devoir, qui antérieurement était vide, ainsi que pour le droit vide et pour la volonté générale vide ; et aussi, puisque cette certitude de soi est tout aussi bien l'immédiat, qu'elle a l'existence (*Dasein*) elle-même [*W* III, p. 465-466 ; *PhdE*, p. 419].

Pourquoi ai-je parlé d'une analogie entre les contradictions propres au concept de personnalité et ceux qui affectent la position du *Gewissen* ? Car on peut pressentir le drame qui appartient à ce dernier. Il est vrai qu'il dépasse la position de la vision morale ; à la place du devoir vide, auquel la vision morale voulait se conformer sans pourtant pouvoir l'achever, le *Gewissen* se pose lui-même. Le devoir vide est donc à présent rempli par l'intériorité, par l'essence du *Gewissen*, dont la certitude coïncide avec le devoir lui-même, son savoir étant la même chose que le devoir. Cependant le *Gewissen* reproduit les contradictions qui affectaient le statut de la personnalité car, à partir de sa position, même le *Gewissen* est la chose la plus haute mais aussi la plus basse. La chose la plus haute et sublime parce qu'il est savoir pur du devoir ; mais la chose la plus basse et vile car, son savoir n'étant rien d'autre qu'une certitude subjective, ce devoir est remis à l'accidentalité de son jugement, au plus simple hasard qui fait de son individualité une individualité *personnelle*.

Après avoir identifié le devoir au contenu de son savoir, le *Gewissen* évite par principe de recourir à la stratégie élaborée par la conscience morale, confiant le soin de vérifier la validité de son point de vue à quelque chose d'extérieur, comme cela se passe chez Kant, soit à la figure du saint.

La conviction morale (*Gewissen*) a *pour elle-même* sa vérité dans la *certitude immédiate* d'elle-même. C'est cette certitude concrète *immédiate* de soi-même qui est l'essence ; considérée selon l'opposé de la conscience, c'est la *singularité* immédiate propre qui est le contenu de l'activité morale ; et la *forme* de celle-ci est précisément ce Soi-même comme pur mouvement, c'est-à-dire comme le *savoir*, ou encore, la *persuasion propre* (*die eigene Überzeugung*) [*W* III, p. 468 ; *PhdE*, p. 421].

Le *Gewissen* est une forme de la *Gewissheit* étant donné que la conscience identifie sa propre conviction au savoir du devoir en tant que tel. La différence entre l'en-soi en tant qu'essence et le pour-soi de la conscience se dissout dans cette complète superposition entre le savoir de l'essence, soit le contenu de la conscience, et sa conviction la plus intime. La conscience, en effet, « est aussi bien *pur* savoir que savoir de soi comme *étant* conscience *singulière* » [*W* III, p. 469 ; *PhdE*, p. 421]. En d'autres termes, le savoir est devoir dans la mesure où il est une conviction intime.

De ce fait, le *Gewissen* croit aussi pouvoir dépasser l'antithèse existant entre la conscience et la loi. À la suite du mécanisme que l'on vient d'esquisser, le devoir n'est plus l'universel dépourvu du plus petit dénominateur commun par rapport à la singularité. Au contraire, la loi acquiert à présent un pouvoir contraignant et une valeur en vertu de la conviction du Soi-même. Après avoir ramené la vision morale du monde à Kant et à Fichte, la figure du *Gewissen* fait allusion, comme l'apparat critique des *Gesammelte Werke* le souligne, à Jacobi, qui affirme, en faisant référence explicite à Mc 2, 27 (« le sabbat a été fait pour l'homme, et non l'homme pour le sabbat »), que « das Gesetz um des Menschen willen gemacht ist, nicht der Mensch um des Gesetzen willen »[79].

Le *Gewissen* opte pour une solution alternative à celle kantienne, où le sujet intériorise la loi en tant que telle. Selon Hegel, même cette intériorisation ne peut ôter l'opposition et l'étrangeté présentes entre l'individualité et la loi ; en portant la contradiction à l'intérieur de l'individu lui-même et en déchirant son cœur, le résultat n'est autre que le sujet devenant l'esclave de lui-même. Au contraire, dans le cas du *Gewissen*, la loi est valide puisque le sujet est certain de ce qu'il sait, de manière telle que ce dernier n'est pas aplati sur la légalité, mais c'est la légalité qui tire sa force du *Gewissen*.

Par conséquent, la conviction morale croit aussi avoir dépassé l'opposition entre en-soi et pour-soi qui bloquait la conscience morale, en l'obligeant à admettre, de manière relativement immorale, qu'il n'y a pas d'action qui soit en même temps effective et morale. De ce fait, le *Gewissen* est une médiation qui récupère en soi le *pathos* de la conscience éthique, ce qui signifie qu'il voit dans l'action la manifestation visible de sa propre conviction, donc du devoir. Il se place donc dans la dimension de l'*être-pour-l'autre*. Il interprète sa propre conviction comme si elle était l'élément qui permet d'unir sa subjectivité à celle des autres consciences ; son action doit donc être *reconnue* par autrui.

---

[79] *Jacobi an Fichte*, Friedrich Perthes, Hamburg 1799, p. 32-33.

Même si, comme on l'a vu, la *Gewissheit* du *Gewissen* risque dès le départ d'être une certitude intime qui, en étant « renfermée en soi », est très proche du particularisme de la *Meinung* et préannonce l'issue de la belle âme, elle pose par ailleurs les bases d'une action partagée et pour la reconnaissance réciproque qui représente la communauté.

Avant d'en arriver à ce résultat, il faut toutefois que le *Gewissen* fasse son parcours et son expérience. Tout d'abord, « l'activité n'est que la transposition (*das Übersetzen*) de son contenu *singulier* dans l'élément objectal, le fait qu'il soit reconnu, qui fait de l'action une effectivité » [*W* III, p. 470 ; *PhdE*, p. 423].

Bien qu'il prétende que la coïncidence entre son action et le devoir soit reconnue, le *Gewissen* ne fait rien d'autre qu'imposer sa propre conviction personnelle, comme si elle avait néanmoins une valeur universelle. De ce fait, le *Gewissen* ne se pose plus le problème, que la vision morale avait malgré tout le mérite de vivre de manière dramatique et critique, selon lequel les bonnes intentions ne sont pas adaptées à toutes les situations ou à prendre corps dans le réel ; raison pour laquelle la moralité postulait une progression indéfinie vers l'infini. On pourrait d'ailleurs relever que cette position, face à celle du *Gewissen*, a un autre avantage. Elle pourrait se révéler, grâce à ce déplacement sans pause de l'accomplissement de l'action morale, comme antidote face au risque du vicariat jacobin, à la suite duquel la conviction devient loi, puis terreur.

L'éthique du *Gewissen* implique que « ce qui est conforme au devoir est l'universel de toutes les consciences de soi, ce qui est reconnu et donc ce qui est. Mais séparé et pris isolément, sans le contenu du Soi-même, ce devoir est l'*être pour autre chose*, le transparent (*das Durchsichtige*) qui n'a tout simplement que la signification d'essentialité sans teneur » [*W* III, p. 470 ; *PhdE*, p. 423]. Le moment de la reconnaissance pose un antidote tout aussi décisif face au risque de la terreur, mais la communauté universelle, à laquelle le *Gewissen* fait référence, est plus une universalisation unilatérale de la propre intériorité qu'une participation à une réalité partagée. En d'autres termes, la dimension publique de la communauté est ici réduite à la manifestation transparente, soit à l'action qui rend visible le for intérieur d'une individualité déterminée.

De ce fait, l'antinomie qui empêchait à la conscience morale d'agir de façon morale se transpose dans une antithèse relative à l'action qui soustrait au *Gewissen* sa *Gewissheit*. Le concept d'agir, en effet, implique un aspect négatif, l'ensemble des conditions réelles sur lesquelles intervenir. Le problème est que le réel, soit l'objet sur lequel le sujet agit, est *un autre* par rapport à la subjectivité et qui en tant qu'*autre* est inépuisable. Tout en postulant la coïncidence entre son savoir et le devoir, le *Gewissen* est obligé d'agir dans un contexte dont les conditions sont infinies, « une pluralité absolue de circonstances qui se divisent et se répandent à l'infini dans tout le sens, en arrière dans les conditions premières, sur les côtés dans leur contiguïté, et en avant dans leurs conséquences » [*W* III, p. 472 ; *PhdE*, p. 424].

Malgré sa conviction à propos de la coïncidence de son savoir sur le devoir, lorsqu'il agit le *Gewissen* ne peut qu'être conscient de sa propre incertitude : lors de toute action, nous intervenons dans un champ de conditions que nous ne pouvons pas maîtriser, c'est donc pour cela qu'aucun agir ne peut prévoir les conséquences des intentions. Le mauvais infini que la conscience morale postulait devient actuel, effectif, véritable, dans la mesure où la conscience se dispose à agir de manière conforme à sa propre conviction, soit à son savoir le plus intime. Le *Gewissen* retombe donc sur la contradiction produite par sa position lorsque « son savoir incomplet, parce qu'il est *son* savoir (*weil es* sein *Wissen ist*), a pour la conscience consciencieuse valeur de savoir parfait et suffisant » [*W* III, p. 472 ; *PhdE*, p. 424].

À ce propos il faut encore confirmer le soupçon selon lequel la *Gewissheit* qui fait la marque du *Gewissen* partage les mêmes limites que la *Meinung* de la certitude sensible. On peut alors rappeler le jeu de mots grâce auquel, dans le premier chapitre, Hegel remarquait que la vérité de la certitude sensible semblait résider « in dem Gegenstande als *meinem* Gegenstande oder in Meinen » [*W* III, p. 86]. Tout comme la *sinnliche Gewissheit* place sa certitude autour de l'objet dans une conviction tellement particulariste qu'elle ne peut même pas être énoncée, le *Gewissen* s'obstine à considérer suffisant un savoir qui, en n'étant que *son* savoir, se révèle, à l'épreuve de l'expérience, tout à fait incertain. Les deux certitudes, immédiatement liées à la dimension de l'être, qui est en apparence solide alors qu'en réalité elle se révèle très fragile, ont un élément supplémentaire en commun.

De la même façon que la certitude sensible, qui *meint* l'objet, se base sur la présupposition implicite selon laquelle l'objet lui appartiendrait, le *Gewissen*, qui poursuit la certitude du devoir à partir de sa propre conviction intérieure, finit *volens nolens* par s'en arroger la propriété. Ce n'est pas un hasard si l'adjectif possessif sur lequel Hegel insiste à maintes reprises, *sein Wissen*, est inscrit dans le texte en italique ; *seine eigene Gewissheit* est une forme de l'*Eigenheit*, soit une sorte d'obstination qui caractérise, comme on va le voir, la position de la belle âme et qui peut conduire à la folie.

Il semble que dans ce contexte spécifique, Hegel hérite et reformule une intuition kantienne, soit le développement sur la folie que l'on retrouve dans l'*Anthropologie d'un point de vue pragmatique*[80]. Dans cette œuvre, Kant remarque que « das einzige allgemeine Merkmal der Verrücktheit ist der Verlust des Gemeinsinnes (*sensus communis*) und der dagegen eintretende logische Eigensinn (*sensus privatus*) »[81].

2. *Autonomie, pureté, échec*

Pour la conscience morale, l'objet d'une altérité à laquelle il fallait se conformer était juste et bon en soi. Tout en se basant sur une *Meinung* et tout en se retrouvant obligée de *verstellen* sa position et son action, la vision morale du monde gardait en principe la possibilité d'aboutir à une médiation entre sa propre certitude subjective et la vérité.

En revanche, aux yeux du *Gewissen*, selon un processus d'isolement progressif par rapport à l'expérience concrète et

---

[80] Sur ce thème, voir A. Stanguennec, *Études post-kantiennes,* L'âge d'homme, Lausanne 1987, p. 103-105.
[81] *AA* VII, p. 219.

dans une construction vertigineuse d'une autonomie qui l'appauvrit, « c'est la certitude de soi-même qui est la vérité immédiate pure ; et cette vérité est donc sa certitude immédiate de soi-même représentée comme un *contenu*, c'est-à-dire tout simplement l'arbitraire (*die Willkür*) du singulier et la contingence (*die Zufälligkeit*) de son être naturel sans conscience » [*W* III, p. 473 ; *PhdE*, p. 425].

Qu'est-ce qu'il se passe ? Même si la conscience revendique la coïncidence entre sa propre conviction et le devoir en général, cela signifie, en fin de compte, qu'elle s'arroge le droit de réduire le devoir à l'élément arbitraire qui est en elle. Puisque cette coïncidence n'est qu'une pétition de principe, dont le contenu relève de la conviction singulière propre à chaque conscience individuelle, elle met quelque chose de contingent, soit son être naturel, à la place de la médiation entre sa particularité et la participation à un universel qui, en tant que tel, la transcende.

En d'autres termes, la conscience se charge du rôle qui appartenait à la raison vérificatrice des lois, pour qui tout contenu, tant qu'il ne pose pas de contradictions, peut faire l'objet de la loi. De manière analogue, pour le *Gewissen*, une fois postulée la coïncidence entre devoir et conviction intérieure, toute certitude arbitraire peut faire l'objet du devoir. Hegel, dans ce contexte, reprend l'exemple avec lequel il avait auparavant expliqué le point de vue de la raison vérificatrice des lois pour montrer que l'unité de mesure de la vérification, en étant tautologique, peut faire de tout contenu qui ne se contredit pas en lui-même, comme par exemple la propriété, une loi véritable. Ce passage contient une référence cachée au paragraphe 2 de la *Fondation de la métaphysique des mœurs*, selon lequel la possibilité que toute chose puisse faire l'objet d'une appropriation, en ne posant pas de contradictions, devient par là même un *a priori* de la raison pratique. La critique foncière de la raison vérificatrice des lois, qui n'est que l'autre aspect de la raison législatrice, vise à montrer toutefois, plus en général, que sa démarche réside toujours dans le fait qu'elle conduit à une indifférence totale par rapport à la justice, soit par rapport à la possibilité de participer à une universalité qui, tout en étant partagée par les consciences, les excède, les transcende.

Selon la critique hégélienne, la propriété, en principe, est aussi contradictoire que la non-propriété. De la même façon, du point de vue du *Gewissen*, celui qui défend la propriété en suivant le principe selon lequel il faut accroître les biens a le même droit, lui aussi dépourvu de pouvoir contraignant, que celui pour qui le principe fondamental est d'être utile à son prochain.

D'autres tiennent peut-être cette certaine manière d'accroître son bien pour une escroquerie ; *ils s'*en tiennent à d'autres aspects de ce cas concret, *tandis* que lui en maintient bien fermement tel autre, en ayant quant à lui conscience de cet accroissement de sa propriété comme un pur devoir. Ainsi, ce que d'autres appellent violence et préjudice accomplit le devoir d'affirmer son autonomie face à d'autres ; ce qu'ils appellent lâcheté accomplit le devoir de se préserver et d'entretenir sa vie et la possibilité d'être utile aux prochains [*W* III, p. 474 ; *PhdE*, p. 425-426].

Henry Silton Harris, pour expliquer la position tout à fait ambiguë du *Gewissen*, prend l'exemple de Charlotte Corday, dont la conviction intime finit par l'amener à considérer le crime[82] comme juste et coïncident avec le devoir. À ce propos, on pourrait aussi rappeler les remarques de Hannah Arendt sur la déchirure propre à ceux qui se trouvent dans la circonstance de devoir choisir entre l'obéissance à la loi ou à leur bonne conscience intime. L'ambiguïté de ce faux choix est montrée par le fait que, même lorsque la loi commanda le meurtre, la logique de la bonne conscience intérieure (analogue à celle du *Gewissen*) conduisit la plupart des gens à croire que la bonne conscience aurait pu agir de manière utile à autrui tout en obéissant à la loi. Ce qui débouche, comme Arendt le souligne[83], sur une issue plutôt paradoxale. D'une part, en effet, la bonne conscience ne répond que de son propre tribunal intérieur, où la conviction relative à la coïncidence entre la certitude subjective et le devoir mène à une auto-absolution,

---

[82] H.S. Harris, *Hegels'Ladder*, *op. cit.*, vol. II, p. 470-471.
[83] H. Arendt, *Responsabilité et jugement*, trad. fr. J.-L. Fidel, éd. J. Kohn, Payot&Rivages, Paris 2005, p. 59 sq.

toujours intérieure et à partir de l'intériorité. D'autre part, une fois mise face aux autres certitudes, soit face au fait que, dans toute circonstance, chacun a ou aurait pu suivre d'autres principes pour orienter son action, elle se limite, pour revenir au texte hégélien, à invoquer : « quel qu'il soit, en effet, chacun d'eux portera sur lui la *macule de la déterminité* » [*W* III, p. 474 ; *PhdE*, p. 426].

Le caractère paradoxal de cette posture se trouve dans l'ambiguïté suivante. D'un côté le *Gewissen*, en absolutisant sa propre conviction intérieure, *juge* que son action doit être juste. De l'autre côté, lorsqu'il doit faire face à d'autres convictions intérieures, il se justifie en affirmant que toute action a une partie d'injustice, car si toute détermination porte en soi la culpabilité de la déterminité, tous sont coupables (et d'ailleurs, tous seraient en même temps innocents). Cela signifie que pour soutenir son auto-absolution, le *Gewissen* est obligé d'absolutiser l'accusation de manière systématique. Tout comme la raison vérificatrice des lois pouvait légaliser tout contenu quel qu'il soit, le *Gewissen* finit par effacer la distinction entre l'action juste et celle injuste, car toute action est toujours juste du point de vue de la certitude personnelle, mais, une fois confrontée à celle d'autrui, elle est toujours injuste d'un autre point de vue, dans la mesure où elle est de toute façon déterminée. Ce qui signifie, encore une fois, qu'il faut séparer le savoir pur de l'être naturel, qui représente tout agir individuel. Enfin tout en absolutisant son propre jugement, le *Gewissen* renonce en même temps à juger, ce qui, pour reprendre les mots de Hannah Arendt et un thème auquel nous nous sommes confrontés dans la première partie de cette étude, ne concerne toutefois en rien l'adage biblique : « Ne jugez point, afin que vous ne soyez pas jugés »[84].

Mais, de la même manière, la conviction morale est tout à fait libre de tout contenu, elle s'absout (*absolviert sich*) de tout devoir déterminé censé avoir valeur de loi ; elle a, dans la force de la certitude de soi-même, la majesté de l'autarcie absolue, le pourvoir de lier et de délier. Cette *autodétermination* est, en conséquence,

[84] *Ibid*., p. 59.

immédiatement et de manière générale, conformité au devoir ; le devoir est le savoir lui-même ; or cette ipséité (*Selbstheit*) simple, est l'en-soi ; car l'en soi est la pure identité à soi-même ; et celle-ci est dans cette conscience [*W* III, p. 476 ; *PhdE*, p. 428].

Dans ce relativisme mal compris, car il n'est relatif à rien d'autre qu'à sa propre conviction intérieure, le renversement est achevé. La conscience, dans son *sensus privatus*, s'arroge même du pouvoir que le Père avait remis au Fils, soit celui de lier et de délier. Comme on peut dès à présent l'imaginer, il y a pourtant une différence fondamentale. Face à la logique spéculative, que Hegel avait mis en valeur dans l'écrit de 1798-1799, affirmant que Jésus jugeait et ne jugeait pas à la fois, le *Gewissen* se contente par contre parfois de juger, parfois de ne pas juger selon l'opportunité de garder la bonté de son propre point de vue.

Cela signifie que la conscience est devenue autarcique, c'est-à-dire qu'elle est la mesure d'elle-même, de telle manière qu'elle juge lorsqu'il faut agir, mais elle ne juge pas lorsqu'il faut se confronter aux autres, puisque toute position serait minée par une détermination naturelle et donc coupable. L'universel et le particulier restent ainsi séparés, l'un de l'autre, réduits d'une part à la validité incontestable de la certitude subjective, et d'autre part au particularisme irrécupérable de la détermination naturelle et donc fatale. À l'intérieur d'elle-même, dans les limites de son propre théâtre intérieur, toute conscience bénéficie donc de l'égalité avec elle-même.

Néanmoins ce genre de jugement, se présentant en tant que jugement privé, prétend, sans pourtant envisager sa participation à un *sensus* qui soit *communis*, être reconnu en tant que jugement public, car il agit et se manifeste. Par conséquent, l'égalité parfaite avec lui-même dans laquelle le *Gewissen* tombe de manière solitaire, dans le monologue qu'il entretient avec lui-même, présente aussi la plus profonde des inégalités. Puisque celui qui agit n'est plus maître de son propre acte, il ne peut plus juger lui-même. Agir et manifester sa conviction morale ne signifie rien d'autre, en fin de compte, que de s'exposer au jugement d'autrui.

Alors que pour la vision morale du monde, la *Verstellung* était une sorte de jeu de la conscience avec elle-même, elle devient ici un mécanisme incontournable, que le *Gewissen* veut ouvrir et achever dans l'intimité de son propre Je mais qui à la fois doit être remis à autrui.

> Ce qu'il veut leur [les autres] exhiber (*hinstellen*), il le détourne et travestit (*verstellt*) aussitôt, ou plus exactement, il l'a immédiatement détourné et travesti. Car son effectivité n'est pas pour lui ce devoir et cette détermination exhibés à l'extérieur, mais ceux qu'il a dans la certitude absolue de lui-même [*W* III, p. 477 ; *PhdE*, p. 429].

La *Verstellung* qui caractérise cette opération est double. En effet, le *Gewissen* se soumet forcément au jugement d'autrui mais, en même temps, selon la logique du travestissement, il se considère comme le seul titulaire de la signification de son action, qui résiderait dans sa certitude subjective.

Ce genre de travestissement ne fait par conséquent rien d'autre qu'encourager la logique du soupçon. Au point où nous en sommes, le jugement d'autrui peut devenir une condamnation *a priori*. Dès que le *Gewissen* affirme sa liberté de tout contenu quel qu'il soit, il autorise les autres à se considérer libres de sa conviction à lui, de sorte que chaque agent peut faire appel à sa propre certitude en révoquant celle d'autrui.

Hegel souligne un thème qui, comme on l'a déjà dit, est central tout au long de ce chapitre. La manifestation dans l'action mène à la dissolution de la certitude intime et, à certains égards, du *Gewissen* lui-même, et donc dénonce, même si le travestissement risque de masquer ce processus sous-jacent, que lorsqu'un sujet est reconnu, sa certitude intérieure se dissout. En d'autres termes, dès que se dissout la certitude figée qui est à la base de l'action, il reste la forme elle-même de la conscience de soi, qui ne peut pourtant pas dépendre de l'accidentalité dramatique de toute action, dont les conséquences sont toujours imprévisibles. Il ne reste que ce que la conscience peut énoncer, soit la dimension linguistique qui détermine la vérité spirituelle de la manifestation liée à l'action.

Ceci nous amène à voir de nouveau le *langage* comme l'existence de l'esprit. Le langage est la conscience de soi qui est *pour d'autres*, qui est immédiatement *donnée comme telle* et qui est en tant que *cet* universel. Il est le Soi-même se détachant de lui-même, et dans cette objectalité se conserve aussi bien comme *tel* Soi-même déterminé qu'il conflue immédiatement avec les autres et est *leur* conscience de soi ; le Soi-même s'entend (*vernimmt*) aussi bien lui-même qu'il est entendu par les autres, et cette perception est précisément *l'existence devenue un Soi-même* [*W* III, p. 478-479 ; *PhdE*, p. 430].

Cette remarque, qui anticipe un thème du chapitre consacré à la religion où la représentation adéquate du divin et dans laquelle l'homme peut se reconnaître est incarnée par la parole, fait écho à un passage du sixième chapitre, section « B. L'esprit étranger à lui-même ». Hegel avait souligné ici que le Je ne se donne que dans le langage, car c'est justement dans la parole que *ce* Je singulier se dissout, mais, en même temps, c'est dans le mot que le Je se maintient en tant qu'universel.

Le langage contient ce Je dans sa pureté, lui seul prononce Je, le Je proprement dit. Cette *existence* qui est la sienne est, en tant qu'existence de ce qui est là, une objectalité qui a chez elle-même sa vraie nature. *Je* est *tel* Je, ce Je-ci, mais est tout aussi bien Je *universel* ; son apparition est tout aussi immédiatement l'aliénation et la disparition de *ce* Je-ci, et par conséquent, sa perdurée dans son universalité. *Je* qui s'exprime est *entendu* (*vernommen*). [...] Dans le fait même qu'il soit *entendu*, l'écho de son existence même se *meurt* (*verhallt*) [*W* III, p. 376 ; *PhdE*, p. 344].

Tout d'abord c'est la matérialité spéciale du langage qui permet la poursuite d'une existence spirituelle. Lorsqu'il est *vernommen* (dans sa double signification : écouté/entendu), loin de se laisser tromper par la *Wahrnehmung*, le Je est aussi *verhallt*, car, tout en continuant à résonner, il finit par s'affaiblir et enfin par se dissoudre. Cette matérialité spéciale, qui est en soi spirituelle, arrive à représenter le sens de l'action beaucoup mieux que l'action elle-même ne pourrait le faire dans sa choséité. C'est le langage, en effet, qui montre qu'il faut que la certitude intérieure se dissolve afin que l'action acquière une signification spirituelle. C'est ce qu'il se passe grâce à la médiation de la parole.

Plus en général, ce thème reprend le *Leitmotiv* du développement sur la certitude sensible. Dans le cas du *Gewissen,* la certitude intérieure n'est renversée, convertie (*verkehrt*) que dans l'énonciation et se dissout dans son obstination, soit dans son *Eigensinn*, pour être reconnue en tant que conscience de soi libre. Donc ce n'est que dans l'énonciation que ce qui risquait de se réduire à *sensus privatus* peut devenir *communis*.

Même si elle n'est pas suffisante pour que la reconnaissance soit réciproque et effective, l'énonciation est ce qui fonde la bonne foi du *Gewissen*. Face à toute herméneutique de la suspicion, lorsque le *Gewissen* énonce *apertis verbis*, devant autrui sa propre conviction intérieure, on devrait en principe le croire, ce qui signifie que la parole en tant que telle évoque une herméneutique du pardon. Cela dit, la limite problématique de ce stade provient du fait que ce que le *Gewissen* énonce n'est qu'une simple *assurance*, et l'on sait que la *Versicherung*, dans la *Phénoménologie*, est une pétition de principe dont la vérité ne peut être que vérifiée par l'expérience. Au contraire, encore « à partir d'elle-même (*aus sich selbst*) » [*W* III, p. 480 ; *PhdE*, p. 431], soit de son intériorité, la conscience se pose « dans la majesté sublime de son élévation au-dessus de la loi déterminée et de tout contenu du devoir », comme « la génialité morale qui sait la voix intérieure de son savoir immédiat comme voix divine » [*W* III, p. 480 ; *PhdE*, p. 432].

D'une part, dans l'énonciation, ce même terme caractérise ce que la subjectivité expose à une conversion de son intériorité et permet l'accès à la communauté. D'autre part, il est néanmoins rabattu par le *Gewissen* au niveau de voix intérieure qui, par contre, n'est autre que le véhicule immédiat de la voix divine. Dans ce contexte, Hegel ne fait pas référence à une figure intellectuelle historique spécifique. Il se réfère clairement à une attitude commune à plusieurs penseurs tels que Jacobi, Novalis, Schlegel et Schleiermacher. Il s'agit de l'idée de belle âme, dont l'exemple peut être reconnu dans le *Woldemar* de Jacobi, dans le *Wilhelm Meister* de Goethe ou dans *Lucinde* de

Schlegel[85]. Le fondement théorique des penseurs qui évoquent l'idée de la belle âme peut être trouvé dans l'écrit de Schiller *De la grâce et de la dignité* (1793), où la beauté acquiert une valeur morale en termes kantiens. En ce qui concerne l'issue de la dialectique de la belle âme, la littérature secondaire voit une référence certaine à Hölderlin, dont l'*Hypérion* est à son tour un exemple littéraire de cette figure.

La belle âme annonce le thème de la communauté religieuse, sauf qu'elle conçoit le service divin comme quelque chose que l'on peut célébrer dans l'intériorité, où elle contemple « la divinité qui lui est propre (*ihre eigene Göttlichkeit*) » [*W* III, p. 481 ; *PhdE*, p. 432]. Il s'agit donc d'un « service divin solitaire » [*W* III, p. 481 ; *PhdE*, p. 432].

D'après la logique selon laquelle l'intuition de Dieu se donnerait grâce au sentiment, comme Schleiermacher le pensait, la joie que les belles âmes peuvent partager n'est autre que la célébration de leur pureté intime. En effet, cette pureté doit aussi résider dans le cœur de Dieu, même si elle est cachée. Le langage avec lequel la communauté parle de l'unité entre son propre esprit et Dieu devient donc le langage secret du cœur, où chaque sujet retourne dans l'intimité immaculée du « Je = Je ». Il s'agit du complet « engloutissement (*das Versinken*) » de soi « au sein de soi-même » [*W* III, p. 483 ; *PhdE*, p. 433].

Epurée jusqu'à cette pureté, la conscience est sa figure la plus pauvre (*seine ärmste Gestalt*), et la pauvreté, qui constitue son unique possession (*Besitz*), est elle-même évanescence (*Verschwinden*) ; cette *certitude* absolue en laquelle la substance s'est dissoute est la *non-vérité* absolue, qui s'effondre en elle-même ; c'est la *conscience de soi* absolue dans laquelle la conscience s'*abîme* [*W* III, p. 482-483 ; *PhdE*, p. 433].

---

[85] Sur ce thème, cf. E. Hirsch, *Die Beziehung der Romantiker in Hegels* Phänomenologie. *Ein Kommentar zu dem Abschnitte über die Moralität*, in *Materialien zu Hegels Phänomenologie des Geistes*, éd. H.-F. Fulda et D. Henrich, Suhrkamp, Frankfurt a.M. 1979, p. 245-275, et G. Moltke, *Moral and Literary Ideals in Hegel's Critique of the Moral World View*, in *The Phenomology of Spirit Reader*, éd. J. Stewart, SUNY Press, Albany 1998, p. 307-333.

Ces mots rappellent la description d'une étape de la dialectique de la conscience malheureuse, où Hegel soulignait que, dans son malheur, la conscience était une « personnalité confinée sur soi-même et sur ses petites activités, couvant son souci, aussi malheureuse que misérable » [*W* III, p. 174 ; *PhdE*, p. 173]. La conscience malheureuse part en effet d'un drame analogue à celui du *Gewissen*, soit la déchirure entre sa propre particularité et sa participation à la dimension de l'*Unwandelbare*, soit l'universel, le divin. De la même manière, tant qu'elle ne s'en remet pas au ministre médiateur, la conscience malheureuse a tort ; un tort analogue à celui représentant l'attitude du *Gewissen*, qui veut guérir de sa déchirure en partant d'elle-même, avec ses simples forces, selon son *Eigensinn*. La belle âme est donc la radicalisation de l'*Eigensinn* qui caractérisait déjà la position de l'*unglückliches Besußtsein*. En faisant de l'universel quelque chose qui lui appartient, la conscience finit par ne posséder que sa propre misère. Au lieu de s'en remettre à l'altérité, ce qui permet la réconciliation, la conscience, en devenant de plus en plus fragile et dépourvue de consistance, se dissout à l'intérieur d'elle-même. En effet, pour dépasser son impasse, la conscience malheureuse avait dû s'en remettre aux mots qui étaient efficaces dans la mesure où ils étaient incompréhensibles. La conscience devait donc faire confiance à autrui, à un *plus* qui n'est pas déductible *a priori*, soit le résultat de l'expérience. La belle âme, par contre, pour ne pas affecter la splendeur apparente de son intimité, finit par y suffoquer.

> Il lui manque la force de l'aliénation (*die Kraft der Entäusserung*), la force de faire de soi une chose et de supporter (*ertragen*) l'être. Elle vit dans la peur de souiller la splendeur (*die Herrlichkeit*) de son intérieur par l'action et l'existence, et pour préserver la pureté de son cœur, elle fuit le contact de l'effectivité, et persiste dans l'impuissance obstinée (*die eigensinnige Kraftlosigkeit*) à renoncer à son Soi-même effilé jusqu'à l'extrême abstraction et à se donner de la substantialité, ou encore à transformer sa pensée en être et à se confier à la différence absolue [*W* III, p. 483-484 ; *PhdE*, p. 434].

La belle âme est une figure qui se place sous le signe de la conscience malheureuse, mais n'a pas la force de dépasser ses contradictions dans l'altérité et donc dans l'expérience. Elle se soustrait à tout ce qui n'est pas à elle et ne provient pas d'elle, et de cette manière elle se consomme elle-même tout seule. Elle finit par devenir une « brume informe qui se disperse dans les airs » [*W* III, p. 483-484 ; *PhdE*, p. 434]. Suite à la logique de son *sensus privatus*, son *Eigensinngikeit* est par là même *Kraftlosigkeit*.

3. *Le jugement et le pardon. La relation de l'esprit*

La conviction morale et le *Gewissen* s'émancipent du piège tendu par une autoréférentialité qui cohabite toutefois avec le plus abstrait des universalismes grâce au langage.

L'antithèse du *Gewissen* provient du fait qu'il reconnaît le devoir comme sa propre conviction, il se pose comme *ce* Soi déterminé (il faut remarquer encore une fois l'importance de l'adjectif démonstratif, qui renvoie toujours à la position de la *Meinung*) et il est donc différent des autres. De cette manière, lorsqu'il réfléchit au sujet de soi-même, le *Gewissen* doit abandonner la conviction selon laquelle le devoir coïnciderait avec le contenu de sa conscience pour entrer dans l'antithèse entre soi-même, les autres et l'universel. La production de cette antithèse a un volet significatif.

> Cette universalité et le devoir ont la signification tout simplement opposée de la *singularité* déterminée qui s'excepte de l'universel, pour qui le pur devoir n'est que l'universalité venue à la *surface* et tournée (*gekehrt*) vers l'extérieur ; le devoir ne réside que dans les mots, et vaut comme être pour autre chose [*W* III, p. 484 ; *PhdE*, p. 435].

Mais pourquoi le devoir réside-t-il dans les paroles ? Il ne s'agit pas, comme pourrait le suggérer une lecture hors contexte, d'un devoir verbaliste. Au contraire, il faut prendre l'expression au pied de la lettre : le devoir réside dans la parole. L'importance de cette découverte provient de la dimension du langage qui rend compte du devoir en tant qu'une universalité qui doit *sich kehren* vers l'extérieur, ce qui renvoie à la fonction de *Verkehrung* (inversion/conversion) liée au langage en général. Comme Hegel l'affirmera dans la section consacrée à la religion de l'art, le langage est « l'élément parfait au sein duquel l'intériorité est tout aussi extérieure que l'extériorité est intérieure » [*W* III, p. 528-529 ; *PhdE*, p. 473]. Dans l'action conforme au devoir, l'universalité, dont le *Gewissen* risque d'avoir une conception propriétaire, doit forcément se renverser dans la surface, se rendre visible et devenir quelque chose d'autre, qui représente l'action et la conviction relative au devoir. En d'autres termes, comme la *Meinung* de la *sinnliche Gewissheit* qui était tellement particulariste qu'elle ne pouvait pas être exprimée sans être altérée et renversée, l'universalité que le sujet croit pouvoir receler dans son cœur (et qui reste intime tant qu'elle n'est pas énoncée), doit se manifester et devenir une universalité communicable et partageable, qui n'est donc plus une conviction intime.

Cependant le *Gewissen* ne s'en remet pas immédiatement à l'*expérience* de l'antithèse qui affecte sa position ; au lieu de cela, il essaie plutôt de dépasser la contradiction en substantialisant les deux moments entre lesquels il oscille. Par conséquent, la conscience qui agit s'oppose, en même temps, à la conscience qui, pour s'en tenir à l'universel, renonce à la dimension pratique de l'action et se réfugie dans le jugement. Or, dans cette circonstance, la première tombe fatalement sous l'épée du jugement de l'autre. Mais pourquoi ?

Comme on l'a déjà vu, l'agir encourt une inégalité ; mais l'agent prétend néanmoins rester toujours égal à soi-même, soit ne pas trahir sa conviction intérieure. De ce fait, celui qui juge peut l'accuser d'une trahison encore plus grave, à savoir, comme l'avait souligné Hannah Arendt, de mentir à soi-même. En d'autres termes, celui qui juge peut l'accuser d'hypocrisie. L'hypocrisie manifeste le respect « pour le devoir et la vertu, précisément en en prenant l'apparence et en les utilisant comme masque pour sa propre conscience tout aussi bien que pour la conscience d'autrui » [*W* III, p. 485-486 ; *PhdE*, p. 436].

Le risque d'hypocrisie, de la part de la conscience agissante, est fatal, mais la tentative opiniâtre de la part de la conscience jugeante est loin de pouvoir produire une conciliation quelle qu'elle soit. D'abord car, face à l'accusation d'hypocrisie, personne ne peut se défendre, étant donné que toute défense serait immédiatement reconduite aux symptômes de l'hypocrisie elle-même ; et ensuite puisque, même si on voulait faire confiance à la conscience agissante, cela n'enlèverait rien à l'inégalité entre la conscience qui, en agissant, est devenue mauvaise et celle qui, en se retranchant dans son jugement, croit qu'elle peut garder son innocence et l'autorité d'un tribunal.

La raison pour laquelle l'instance de démasquer l'hypocrisie est destinée à l'échec provient du fait que l'hypocrisie ne peut pas, à proprement parler, être démasquée sans retomber dans l'hypocrisie elle-même. En effet, il est vrai que déclarer agir selon la loi de l'intériorité signifie, aux yeux de celui qui juge, un aveu de culpabilité. Si la loi selon laquelle le *Gewissen* agit n'était pas simplement une conviction intime, il n'y aurait même pas besoin que la conscience agissante, au moment de l'action, en demande la reconnaissance puisqu'elle serait reconnue par autrui dès le départ. Le besoin de reconnaissance révèle donc le caractère tout à fait arbitraire de sa position et en même temps le manque de transparence par rapport à soi-même : « c'est pourquoi celui qui dit qu'il traite les autres selon *sa* propre loi et conviction morale, dit en réalité qu'il les maltraite » [*W* III, p. 486 ; *PhdE*, p. 436]. Cependant, cette issue incontournable n'est pas le résultat immédiat d'une attitude hypocrite, mais plutôt du fait que la conviction intime n'est autre qu'une *Meinung*.

Au même titre, l'hypocrisie n'est pas démasquée par l'obstination avec laquelle la conscience jugeante s'acharne dans son jugement. Ce jugement, en effet, ne relève que de la loi propre à elle, opposée mais égale à celle qui régit l'action jugée. Il faut remarquer d'ores et déjà que l'équivoque sur lequel tombent les deux consciences réside dans le fait qu'il ne s'agit pas de démasquer l'hypocrisie, mais de ne pas mal comprendre le statut de la relativité qui appartient à chaque certitude. En d'autres termes, l'enjeu philosophique n'est pas l'objectif pharisaïque de démasquer le mensonge (et l'on sait désormais que, par rapport au pharisaïsme, on est toujours trop ou trop peu pharisaïque), mais celui de thématiser cette relativité sans recourir à la solution superficielle suite à laquelle, si tout est relatif, tout sujet pourrait absolutiser sa propre position. Comme Hegel semble le suggérer en insistant à maintes reprises sur l'adjectif possessif qui caractérise chaque *Gewissen*, lorsqu'il agit et lorsqu'il juge, la spirale vertigineuse entraînée par la conscience agissante et celle jugeante est le produit du fait que chacune, en soi, se pense en tant que *ab-soluta*, soit solitaire et enfermée sur soi : dans son *Eigensinngkeit*.

> La référence obstinée de la conscience universelle à son jugement est tout aussi peu démasquement et liquidation de l'hypocrisie. En vilipendant sa vilenie, sa bassesse etc., elle se réclame, dans ce genre de jugements, de *sa propre loi*, ainsi que fait la conscience *mauvaise* avec la sienne. La loi de l'une affronte, en effet, la loi de l'autre, et intervient donc comme une loi particulière. Elle n'a donc rien de plus que l'autre, elle légitime même au contraire celle-ci, et ce zèle fait exactement le contraire de ce qu'il estime faire : montre ce qu'il appelle le vrai devoir et qui est censé être universellement reconnu comme quelque chose *qui n'est pas reconnu*, et concède ainsi à l'autre le même droit à l'être pour soi [*W* III, p. 487 ; *PhdE*, p. 437].

Dans ce contexte, il est évident que ce qui fait écho est le thème évangélique, auquel Hegel avait réfléchi *apertis verbis* dans *L'esprit du christianisme*, pour qui « ne jugez point afin que vous ne soyez point jugés ». Le jugement sépare et, de ce fait, absolutise les termes du jugement lui-même, comme si chacun était pour soi, comme si chacun pouvait tenir debout dans sa propre autonomie. Ce n'est pas un hasard si Hegel, dans le texte de 1798-1799, avait souligné que la faiblesse particulière de celui qui juge, étant en même temps son inconsciente tyrannie, au moins aussi inconsciente que cruelle, réside dans la conviction selon laquelle « le concept, l'universalité est sienne » [*W* 1, p. 335 ; *Esprit*, p. 140].

Mais le jugement, pour revenir au passage de la *Phénoménologie* qui suit immédiatement celui que l'on vient de mentionner, a aussi un autre versant. Comme on le sait depuis l'écrit de 1798-1799, le jugement n'est pas simplement la force de la séparation mais, en vertu de cela, la force de l'union aussi : selon Jean 5, 22 « Le Père ne juge personne, mais il a remis tout jugement au Fils ». Qu'est-ce qu'il se passe entre les deux consciences grâce au jugement que l'une porte sur l'autre ? Pour comprendre la centralité de ce passage, il ne faut pas oublier que la situation dramatique et apparemment fatale qui s'est créée entre la conscience agissante et celle jugeante relève de la conviction qui caractérise le *Gewissen* en tant que tel, soit que la conscience détiendrait le pouvoir (divin) de lier et de délier à partir de sa propre « autarcie ». Le drame propre au *Gewissen* dépend donc de la malédiction apparemment incontournable de l'*autos* ; la conscience est toujours *auto*-nome, *auto*-suffisante, *auto*-absolvante et ainsi de suite.

« Mais la pratique du jugement (*das Urteilen*) doit aussi être examinée en tant qu'action positive de la pensée et elle a un contenu positif » [*W* III, p. 488 ; *PhdE*, p. 437]. Il est vrai que les deux consciences entretiennent un rapport hypocrite, caractérisé par la méfiance réciproque. La conscience du devoir prétend en effet que son jugement est une action effective, qui témoignerait à plus forte raison de l'excellence de sa propre *Meinung* face à celle d'autrui. Mais c'est justement le jugement qui pose la conscience agissante et celle jugeante sur le même plan ; l'une poserait, à la place du devoir, son propre arbitre et ses fins égoïstes et l'autre voudrait faire passer son jugement pour une action, instance qui est du moins aussi hypocrite que celle qui serait à la base de l'autre conscience. De ce point de vue, juger semble donc ne faire rien d'autre que continuer à séparer.

Toutefois, le fait de juger contribue à la dissolution de l'antithèse qu'il produit. Lorsqu'il se pose à côté de la conscience qui est jugée, cette dernière peut reconnaître dans la conscience jugeante un autre qui lui est égal. Elle « parvient à la contemplation (*Anschauung*) de soi-même dans cette autre conscience » [*W* III, p. 487 ; *PhdE*, p. 437]. Bien que d'une part le jugement soit ce qui condamne la conscience à sa solitude, comme s'il ratifiait sa conviction intérieure, de l'autre il contribue à bouleverser cette conviction elle-même, en effritant l'autarcie présupposée de son pouvoir de lier et de délier qui toutefois, tant qu'elle est renfermée dans son isolement, est dépourvue de force (*Kraftlos*).

En brisant cette autarcie, il produit l'antidote à la malédiction de l'*autos* ; celle du jugement est donc une véritable expérience extraordinaire, imprévisible et indéductible. Au lieu de confirmer la *Meinung*, comme si elle représentait l'être originaire de la conscience, le jugement la renverse, en démontrant ainsi participer à la *göttliche Kraft der Sprache*.

Le dispositif du jugement sert à séparer les consciences, parfois malgré lui, de leur conviction intérieure et muette, soit de leur *Eigensinn*.

Comment se vérifie la reconnaissance entre les deux ? C'est justement le jugement unilatéral qui déclenche un mécanisme bilatéral.

On a dit que l'antithèse réside dans l'agir lui-même, qui d'un côté peut être envisagé dans sa conformité au devoir mais, de l'autre, comme il aboutit tout de même à un acte déterminé, doit être conçu dans sa particularité. C'est dans cette particularité que la conscience jugeante voudrait coincer les agents. Le jugeant souligne que, chaque fois que nous agissons, c'est toujours nous, ce Je singulier, qui agit. C'est pourquoi le but du devoir est toujours mélangé à la poursuite d'une finalité subjective, dans laquelle la fidélité à la loi produit une auto-complaisance pour la bonté et l'excellence du propre agir.

Aucune action ne peut se soustraire à ce genre de jugement, car le devoir au nom du devoir, cette fin pure, est l'ineffectif ; la fin visée a son effectivité dans l'activité de l'individualité et l'action a par là même chez elle le côté de la particularité. Il n'est pas de héros pour le valet de chambre ; non point, parce que le premier n'est pas un héros, mais parce que le second est… le valet de chambre, auquel le premier a affaire non en tant que héros, mais en tant que quelqu'un qui mange, boit, s'habille, etc., bref, est pris dans la singularité du besoin et de la représentation. Ainsi donc, il n'y a pas pour la pratique jugeant (*das Beurteilen*) d'action en laquelle elle ne puisse opposer le côté de la singularité de l'individualité au côté universel de l'action, et faire, face à celui qui agit, le valet de chambre de la moralité [*W* III, p. 489 ; *PhdE*, pp. 438-439].

En jugeant et en s'exprimant de telle manière, la conscience trahit néanmoins sa bassesse (*Niederträchtigkeit*) et dénonce, sans s'en apercevoir, les symptômes de son hypocrisie. Elle n'accepte pas que son point de vue ne soit que sa *Meinung* à propos du devoir et de ce qui est bon, mais veut faire passer son comportement par « la conscience juste et droite de l'action ». Elle veut que sa « parlerie inactive (*sein tatloses Reden*) » soit prise pour une réalité effective et excellente. Son *Bewußtsein*, en vérité, n'est que *Eitelkeit*, soit une vanité dans les deux sens du terme : *vanitas* et *vacuitas*.

Dans la mesure où il montre la conscience jugeante pour ce qu'elle est, le jugement pose enfin les bases pour que la conscience agissante puisse se reconnaître dans l'autre, puisse donc rétablir une forme d'égalité. L'expérience du jugement ouvre de ce fait une perspective inédite sur la confrontation hypocrite qui semblait auparavant sans issue. Qu'est-ce que la conscience agissante fait ? Selon un mouvement nouveau et inattendu, tout comme l'intervention du ministre médiateur était nouvelle et inattendue aux yeux de la conscience malheureuse, l'agent *s'avoue*.

Contemplant et proclamant (*aussprechend*) cette identité, elle *s'avoue* (*sich gesteht*) à elle et attend pareillement que l'autre, tout de même, qu'elle s'est elle-même, dans l'acte, posée identique à elle, répliquera aussi sa parole, énoncera en elle son identité, et qu'interviendra alors l'existence reconnaissante. Son aveu n'est pas un abaissement (*Erniedrigung*), une humiliation, un avilissement dans le rapport à l'autre, car cette énonciation n'est pas la proclamation unilatérale par laquelle elle poserait sa non-identité avec lui ; elle s'énonce au contraire uniquement en vertu de la contemplation de l'*identité* de l'autre avec elle, elle énonce leur *identité* vue de son côté dans son aveu, et l'énonce parce que le langage est l'*existence* de l'esprit comme Soi-même immédiat; elle attend donc que l'autre contribue pour sa part à cette existence [*W* III, p. 489-490 ; *PhdE*, p. 439].

La force de diviser propre au jugement est si forte qu'elle réussit, *volens nolens*, à séparer la conscience de son autarcie présupposée et à vaincre la domination de son intériorité. Dans la pratique et donc dans l'expérience du jugement, à la parole unilatérale qui condamne, succède l'institut de la confession, qui est constitutivement bilatéral. Au lieu de l'auto-absolution, où le sujet se charge à la fois du rôle du juge et de celui de l'accusé, toujours dans sa solitude, la confession est toujours confession devant un autre, ce qui signifie qu'elle est une extériorisation linguistique qui fait ressortir un être humain face à quelqu'un qui est reconnu comme son égal.

La confession, en ce sens, est une *Verkehrung* du for intérieur, puisqu'elle substitue à la logique monologique, c'est-à-dire pré-discursive de la *Meinung,* une logique dialogique et discursive.

Néanmoins, dès que la conscience agissante est disposée à énoncer « *c'est moi qui ai fait ça* », la conscience jugeante recule. « Ce n'était pas cela qu'on avait en tête dans ce jugement (*so war es mit jenem Urteil nicht gemeint*) ; bien au contraire ! » [*W* III, p. 490 ; *PhdE*, p. 439]. Face à la conversion de la conscience agissante grâce à sa confession, la conscience qui juge se réfugie dans sa *Meinung* et de ce fait se condamne au « mutisme », à une *Stummheit* qui est en même temps un idiotisme, soit l'incapacité de participer à la dimension communicative de la parole. Dans cette incommunicabilité, qui la pose au dehors de toute *communitas*, la conscience jugeante se durcit dans sa *Meinung*, le « cœur de pierre (*das harte Herz*) », dont la dureté est analogue à celle de l'être, qui en est la contrepartie et qui est apparemment aussi rigide qu'en réalité fragile, étant donné qu'il est suffisant de l'énoncer pour le faire tomber en morceaux. Tout d'abord, on peut affirmer que toute insistance sur le for intérieur aboutit à ce cœur de pierre. Comme la langue dure d'Israël, le cœur de pierre renonce à la conversion véhiculée par la parole, de manière que « la conscience jugeante se montre comme la conscience que l'esprit a quitté et qui renie l'esprit, car elle ne se rend pas compte que l'esprit, dans la certitude absolue de soi-même est maître de tout acte et de toute effectivité, et peut les rejeter ou faire qu'ils ne se produisent pas » [*W* III, p. 491 ; *PhdE*, p. 440].

Pour se protéger de la conversion entraînée par la parole, la conscience qui juge se contente de son intériorité muette et, tout en exploitant le pouvoir de diviser propre au jugement, se soustrait au pouvoir divin du langage et du pouvoir divin du jugement, étant à la fois le pouvoir de délier et de lier ; ce qui relève de l'intimité entre le *verkehrend* pouvoir de l'expérience et le *plus*, l'élément constitutivement inédit qui appartient à l'esprit.

C'est pourquoi la belle âme s'identifie à la conscience jugeante, qui préfère revendiquer son propre *Eigensinn,* soit sa propre *vanitas* et *vacuitas*, qui restent à elle et qui sont siennes, face à la dimension de l'esprit qui l'excède. Ce qui mène à la contradiction, poussant à la folie, d'un sens qui ne serait rien d'autre que *sensus privatus*, *Meinung*. Mais c'est seulement une branche morte de la confrontation entre les consciences, dont la possibilité et le risque sont toujours présents.

En revanche, la possibilité de pacification et d'union résidait déjà dans l'institut de la confession. Une fois admise la reconnaissance bilatérale, la conscience s'est déjà remise à l'expérience et donc à l'esprit, dont « les blessures […] guérissent sans laisser de cicatrices » [*W* III, p. 492 ; *PhdE*, p. 441]. Cela ne signifie pas que l'esprit peut effacer l'histoire et les faits comme si de rien n'était. Cela nous suggère plutôt qu'il n'y a aucun acte qui puisse être envisagé à l'instar du donné, dont la signification ne serait rien d'autre qu'une condamnation valide à jamais. Le pouvoir de guérison de l'esprit est lié au caractère inédit de l'expérience, pouvant faire en sorte que ce qui semblait être définitif et sans issue ait encore une marge d'interprétation, ce qui fait que les choses gardent une signification différente de celle que le jugement leur attribuait. L'esprit ne renie pas le fait que l'expérience produise des blessures, mais, à la différence de la logique unilatérale du jugement, il nous rappelle qu'elles font partie d'une expérience *in fieri*, au cours de laquelle elles peuvent aboutir au pardon : l'esprit est encore une fois le pouvoir de lier le Soi-même à l'expérience de soi-même et de délier le soi d'une coaction à répéter qui, dans la logique unilatérale du jugement, risque de fonctionner en tant que condamnation.

Le pardon (*die Verzeihung*) qu'elle [la conscience universelle] accorde à la première conscience [la conscience agente] est le renoncement à soi, à son essence *ineffective*, à laquelle elle identifie cette autre essence, qui était l'activité *effective*, et qu'elle reconnaît comme bonne, elle qui était nommée Mauvaise par la détermination que l'agissement recevait dans la pensée, ou plus exactement, laisse tomber cette différence de la pensée déterminée et de son jugement déterminant qui est pour soi, de la même façon que l'autre laisse partir la détermination pour soi de l'action. – Le mot de la réconciliation (*das Wort der Versöhnung*) est l'esprit *existant* qui contemple le pur savoir de soi-même comme essence *universelle* dans son contraire, dans le pur savoir de soi-même comme *singularité* qui est absolument en elle-même : reconnaissance mutuelle qui est l'esprit *absolu* [*W* III, p. 492-493 ; *PhdE*, p. 441-442].

La parole de la réconciliation étant en même temps la parole de l'esprit, il s'agit donc d'une énonciation qui renverse de manière irréversible la *Meinung* de l'intériorité : ce à quoi la conscience renonce n'est rien par rapport à ce qu'elle peut gagner à travers ce renoncement. Le mot de la *Verzeihung* brise pour toujours l'autarcie dramatique et asphyxiante de la conscience. Le point le plus important de la dynamique du pardon est que personne ne peut pardonner seul et, encore plus significatif, personne ne peut pardonner soi-même[86] : le pardon qui suit la confession ne peut s'effectuer que par rapport à *une autre* conscience. « Le *oui* réconciliateur » est « l'existence du Je dilatée jusqu'à la dualité » [*W* III, p. 494 ; *PhdE*, p. 443]. L'expérience du pardon entraîne le rapport nouveau et imprévisible avec un autre, dont le *plus* est la marque de l'esprit : sans l'expérience il n'y a aucune possibilité de pardon, et la vie de l'esprit réside justement dans cette expérience, dont le pouvoir de séparer va de pair avec celui d'unir.

Enfin, il est nécessaire de s'interroger sur la question suivante : pourquoi celui qui se manifeste « au milieu de ces Je » et qui se révèle grâce au oui de la réconciliation, est-il l'esprit *absolu* ? Pour répondre de façon exhaustive, en envisageant notamment que dans ce « oui » il y ait aussi le Dieu qui se manifeste, on devrait analyser le concept de *communitas* que Hegel déploie vers la fin du septième chapitre consacré à la religion révélée, aboutissant à l'esprit absolu. Puisque cette étude doit toutefois s'arrêter ici, on peut tout de même se concentrer sur la signification de la manière dont le pardon anticipe l'analyse de la communauté religieuse et de l'esprit

[86] Cf. sur ce point H.S. Harris, *Hegel's Ladder*, *op. cit.*, II, p. 506.

absolu, ce qui peut constituer une indication de lecture par rapport aux sections suivantes, dont nous ne pouvons pas nous occuper.

Dans ce contexte, on doit se demander : pourquoi, dès que les consciences aboutissent au pardon réciproque, l'esprit absolu est finalement descendu entre elles ?

On peut y trouver une indication relative aux raisons pour lesquelles l'adjectif « absolu » est le plus propre à l'esprit. L'adjectif *absolutus* semble tout d'abord être opposé à la signification de l'adjectif *relativus*. On a vu toutefois que l'absolutisation indue d'un point de vue relatif, tel que celui de la conviction intérieure, produit plusieurs antithèses apparemment indépassables. En d'autres termes, la relativité de la *Meinung* est toujours indigente, et c'est justement en raison de cette misère qu'elle tend à compter sur l'appui d'une absolutisation indue. Par contre, ce qui est *absolutus*, s'il l'est véritablement, doit inclure en soi la relativité en tant que moment. Ce qui peut suggérer que l'esprit absolu est celui qui a rempli toutes les conditions pour devenir conscient de soi et effectif en tant qu'esprit[87], soit être un esprit *relativus*. Face à la relativité mal comprise de l'intériorité, qui aboutit à un *Eigensinn* qui est détaché de tout et qui s'absolutise donc dans sa solitude, l'esprit est absolu lorsqu'il se charge de sa propre relativité. L'esprit est donc effectif puisqu'il est relatif à l'expérience, d'où il tire son caractère inédit et gratuit, qui fait en sorte que la force de séparer puisse unir, c'est-à-dire pardonner. Son absoluité est en même temps sa relativité constitutive à l'expérience : l'esprit absolu est aussi l'esprit de la relation.

[87] Angelica Nuzzo remarque à ce propos que le terme *absolutus* renvoie au verbe latin *absolvere*, en suggérant par conséquent que l'esprit absolu est aussi un esprit de l'absolution (voir A. Nuzzo, *The Truth of Absolutes Wissen*, in *Hegels « Phenomenology of Spirit »*, éd. A. Denker, Humanities Press, Amherst New York 2003, p. 265-294, p. 284). Cf. aussi R. Dottori, *Che cos'è il sapere assoluto? Osservazioni conclusive sulla «Fenomenologia dello spirito»*, « Il Cannocchiale », 3 (2007), p. 245-282, et G. Garelli, *L'equivoco del sapere assoluto*, « Annuario Filosofico », 26 (2010), p. 243-272.

ŒUVRES DE HEGEL – TEXTES ALLEMANDS

W (suivi du numéro du volume – en chiffres romains – et de la page – en chiffres arabes. Après le point virgule on a reporté, quand la traduction française est disponible, la numération de la pagination de la traduction française de référence) = G.W.F. Hegel, *Werke in zwanzig Bänden*, éd. E. Moldenhauer et K.M. Michel, Suhrkamp, Frankfurt a.M. 1970-.

Ascheberg = *Vorlesung über Ästhetik. Berlin 1820-1821. Eine Nachschrift*, éd. H. Schneider, Peter Lang, Frankfurt a.M.-Berlin-New York-Paris-Wien 1995.

Hotho 1823 = G.W.F. Hegel, *Vorlesungen. Ausgewählte Nachschriften und Manuskripte*, vol. 2, *Vorlesung über die Philosophie der Kunst (1823). Nachschrift von H.G. Hotho*, éd. A. Gethmann-Siefert, Meiner, Hamburg 1998.

Von Kehler = G.W.F. Hegel, *Philosophie der Kunst oder Ästhetik*, éd. A. Gethmann-Siefert et B. Collenberg Plotnikov, sous la collaboration de F. Iannelli et K. Berr, Wilhelm Fink, München 2004.

Von der Pfordten = G.W.F. Hegel, *Philosophie der Kunst. Vorlesung von 1826*, éd. A. Gethmann-Siefert, J. Kwon et K. Berr, Suhrkamp, Frankfurt a.M. 2005.

VR = *Vorlesungen über die Philosophie der Religion*, in G.W.F. Hegel, *Vorlesungen. Ausgewählte Nachschriften und Manuskripte,* vol. 3-5, éd. W. Jaeschke, Meiner, Hamburg 1983-1985; trad. fr. = *PhR*, *Leçons sur la philosophie de la religion*, 3 tomes, trad. fr. P. Garniron (vol. I et vol. III avec la collaboration de G. Marmasse) et G. Marmasse (vol. II), Presses universitaires de France, Paris 1996-2004.

ŒUVRES DE HEGEL – TRADUCTIONS FRANÇAISES

Esprit = G.W.F. Hegel, *L'esprit du christianisme et son destin*, trad. fr. O. Depré. Vrin, Paris 2003.

Diff. = G.W.F. Hegel, *La différence entre les systèmes philosophiques de Fichte et de Schelling*, trad. fr. B. Gilson, Vrin, Paris 1986.

FetS = G.W.F. Hegel, *Foi et savoir. Kant – Jacobi – Fichte*, trad. fr. A. Philonenko et C. Lecouteux, Vrin, Paris 1988.

PhdE = G.W.F. Hegel, *Phénoménologie de l'esprit*, trad. fr. J.-P. Labarrière, Aubier, Paris 1991.

E = G.W.F. Hegel, *Cours d'esthétique*, 2 vol., trad. fr. J.-P. Lefebvre et V. von Schenck, Aubier, Paris 1996.

G.W.F. Hegel, *Principes de la philosophie du droit*, trad. fr. R. Derathé, Vrin, Paris 1982.

G.W.F. Hegel, *Encyclopédie des sciences philosophiques. La science de la logique*, trad. fr. B. Bourgeois (1970), Vrin, Paris 1986³ (nous citons l'*Encyclopédie* par la simple mention d'un numéro de paragraphe).
- *La philosophie de la nature*, Vrin, Paris 2004.
- *La philosophie de l'esprit*, Vrin, Paris 1988.

SL = G.W.F. Hegel, *Science de la logique. Livre premier – l'être – textes de 1812 et 1832*, trad. fr. B. Bourgeois, Vrin, Paris 2015.

AUTRES OUVRAGES

La liste suivante des ouvrages ne se réfère qu'aux textes qui nous ont aidés à approfondir notre analyse. Comme cette étude avait un but théorique, on n'a mentionné, dans le texte, que la littérature secondaire d'où nous avons tiré une inspiration directe. En revanche, nous dressons la liste des textes d'où nous avons tiré une inspiration indirecte. Cela signifie, ça va sans dire, que la liste suivante n'a aucune prétention d'être exhaustive en ce qui concerne les essais consacrés aux thèmes et aux problèmes traités dans ce livre.

K. Appel, *Entsprechung im Wider-Spruch. Eine Auseinandersetzung mit dem Offenbarungsbegriff der politischen Theologie des jungen Hegel*, Lit Verlag, Wien 2003.

H. Arendt, *Essai sur la révolution* (1963), trad. fr. M. Chrestien, Gallimard, Paris 1967.
- *Responsabilité et jugement*, éd. J. Kohn, Payot & Rivages, Paris 2005.

A. Arndt, *Wandlungen in Hegels Bild des Judentums*, in *Christentum und Judentum: Akten des internationalen Kongresses der Schleiermacher-Gesellschaft in Halle, März 2009*, éd. R. Bart, U. Bart et K.D. Osthovener, De Gruyter, Berlin-Boston 2012, p. 417-429.
- *Hegel und das Judentum*, « Hegel-Jahrbuch », 2013, p. 28-35.

K. Bal, *Der Begriff des Gewissens im Gesamtbild der Systempkonzeption*, in *Die Eigenbedeutung der Jenaer Systemkonzeptionen Hegels*, éd. H. Kimmerle, Akademie Verlag, Berlin 2004, p. 229-238.

K. Barth, *L'épître aux Romains* (1919), trad. fr. Chr. Chalamet, Labor et Fides, Genève 2016[2].

F.C. Beiser, *Morality*, in *The Blackwell Guide to Hegel's* Phenomenology of Spirit, éd. K.R. Westphal, Wiley-Blackwell, Oxford 2009, p. 209-225.

A. Berlin, *The Dynamics of Biblical Parallelism* (1985), Indiana University Press, Bloomington et Indianapolis 1992.

A. Beutel, *Im Anfang war das Wort. Studien zu Luthers Sprachverständnis,* Mohr-Siebeck, Tübingen 1991.
- *"Es ist mein testament und mein dolmetschung, und sol mein bleiben unnd sein"*, in *Anmut und Sprachgewalt. Zur Zukunft der Lutherbibel*, éd. C. Dahlgrün et J. Haustein, Deutsche Bibelgesellschaft, Stuttgart 2013, p. 17-38.

M. Bienenstock, *Politique du jeune Hegel : Iéna 1801-1806*, Presses Universitaires de France, Paris 1992.

Th. Bodammer, *Hegels Deutung der Sprache,* Hamburg, Meiner 1969.

A. Bogdandy, *Hegels Theorie des Gesetzes*, Alber, Freiburg-München 1989.

M. Bondeli, *Der Kantianismus des jungen Hegel. Kant-Aneignung und Kant-Überwindung Hegels auf seinem Weg zum philosophischen System*, Meiner, Hamburg 1997.

M. Bordignon, *Giudizio infinito e struttura coscienziale*, « Verifiche », 1-3 (2008), p. 141-168.

B. Bourgeois, *Hegel à Francfort. Judaïsme, Christianisme, Hegelianisme*, Vrin, Paris 2000.

Chr. Bouton, *Die Theorie des Handelns in der hegelschen Kritik der Physiognomik (*Phänomenologie des Geistes*, Kap. V*), « Hegel-Jahrbuch », 2001, p. 184-190.

C. Bruaire, *Idéalisme et philosophie du langage,* « Hegel-Jahrbuch », 1964, p. 16-26.

R. Bubner, G. Hindrics, éd., *Von der Logik zur Sprache*, Klett-Cotta, Stuttgart 2007.

J. Burbidge, *Hegel on Logic and Religion. The Reasonableness of Christianity*, State University of New York Press, New York (Albany) 1992.

Ph. Büttgen, *Une autre forme de procès. La vérité et le droit dans l'exégèse du Nouveau Testament*, « Revue de l'histoire des religions », 3 (2015), p. 325-338.

A. Caquot, *Les énigmes d'un hémistiche biblique*, in *Dieu et l'être*, éd. P. Vignaux, Etudes augustiniennes, Paris 1978.

E. Caramelli, Die Gestalt der Gestaltlosigkeit *tra immagine e voce*, « Estetica. Studi e Ricerche », 4 (2012), p. 151-171.
- *Eredità del sensibile. La proposizione speculativa nella* Fenomenologia dello spirito *di Hegel*, Il Mulino, Bologna 2015.
- *Lo spirito del ritorno. Studi su concetto e rappresentazione in Hegel*, Il Melangolo, Genova 2016.
- *Hegel e la poesia ebraica. Tra ricezione e speculazione*, « Dianoia », 22 (2016), p. 61-86.

E. Cattin, *La langue de l'esprit. Sur la* Phénoménologie de l'Esprit, in *Hegel*, éd. M. Caron, Les Editions du Cerf, Paris 2007, p. 193-212.

C. Cesa, *Tra* Moralität *e* Sittlichkeit. *Sul confronto di Hegel con la filosofia pratica di Kant*, in *Hegel interprete di Kant*, éd. V. Verra, Prismi, Napoli 1981, p. 123-178.

A. Chapelle, *Hegel et la religion*, Editions Universitaires, Paris 1967.

G. Chiurazzi, *Teorie del giudizio*, Aracne, Roma 2005.

M. Clark, *Meaning and Language in Hegel's Philosophy*, « Revue philosophique de Louvain », 58 (1960), p. 557-578.

J. Cohen, *Le spectre juif de Hegel*, Galilée, Paris 2005.

D. Cook, *Language in the Philosophy of Hegel*, Mouton, The Hague 1973.

P. D'Angelo, *La religión natural*, in *Hegel. La odissea del espiritu*, éd. F. Duque, Círculo de bellas artes, Madrid 2010, p. 225-245.

W. Dantine, *Hegels Kritik an der Religion des Judentums und ihre Bedeutung für seine Religionsphilosophie*, « Hegel-Jahrbuch », 1975, p. 592-598.

K. De Boer, *Kant, Hegel and the System of Pure Reason*, in *Die Begründung der Philosophie im deutschen Idealismus*, éd. E. Ficara, Königshausen & Neumann, Würzburg 2011, p. 77-87.

A. De Laurentiis, *Absolute Knowing*, in *The Blackwell Guide to Hegel's Phenomenology of Spirit*, éd. K.R. Westphal, Wiley-Blackwell, Oxford 2009, p. 246-263.

O. Depré, *Hegel, des années de jeunesse à la fondation du premier système. Aperçu de la littérature récente sur le jeune Hegel*, « Revue philosophique de Louvain », 90 (1993), p. 259-274.

J. Derrida, *Le puits et la pyramide*, in Id., *Hegel et la pensée moderne*, Presses Universitaires de France, Paris 1970.

D. Di Cesare, *Heidegger e gli ebrei*, Bollati Boringhieri, Torino 2014.

R. Dottori, *Che cos'è il sapere assoluto? Osservazioni conclusive sulla* Fenomenologia dello spirito, « Il cannocchiale », 3 (2007), p. 245-282.

M. Duichin, *Hegel e Gall*, « Il cannocchiale », 3 (2007), p. 99-152.

J.D.G. Dunn, éd, *Paul and the Mosaic Law*, Mohr-Siebeck, Tübingen 1996.
- éd., *The Cambridge Companion to St. Paul*, Cambridge University Press, Cambridge 2003.

E. Fackenheim, *The Religious Dimension in Hegel's Thought*, Indiana University Press, Bloomington 1967.
- *Hegel and Judaism: a Flaw in the Hegelian Mediation*, in *The Legacy of Hegel*, éd. J.J. O'Malley, K.W. Algozin, H.P. Kainz et L.C. Rice, M. Nijhoff, The Hague 1973, p. 161-185.

C. Ferrini, *Reason Observing Nature*, in *The Blackwell Guide to Hegel's Phenomenology of Spirit*, éd. K.R. Westphal, Wiley-Blackwell Malden (USA)-Oxford (UK), p. 92-135.

H.F. Fulda, *Hegels Begriff des absoluten Geistes*, « Hegel-Studien », 36 (2001), p. 171-198.

G. Garelli, *Lo spirito in figura. Il tema dell'estetico nella* Fenomenologia dello spirito *di Hegel*, Il Mulino, Bologna 2010.
- *L'equivoco del sapere assoluto*, « Annuario Filosofico », 26 (2010), p. 293-309.

M. Geroult, *Les "déplacements" (Verstellungen) de la conscience morale kantienne selon Hegel*, in *Hommage à Jean Hyppolite*, éd. S. Bachelard *et al.*, Presses Universitaires de France, Paris 1971, p. 47-80.

Ch. Goddard, éd., *Le transcendental et le spéculatif dans l'idéalisme allemand*, Vrin, Paris 1999.

I. Görland, *Die Kantkritik des jungen Hegel*, Klostermann, Frankfurt a.M. 1966.

H. Greive, *Fortschritt und Diskriminierung. Juden und Judentum bei G.W.F. Hegel und F.J. Molitor*, in *Homburg vor der Höhe in der deutschen Geistesgeschichte. Studien zum Freundeskreis um Hegel und Hölderlin*, éd. Chr. Jamme et O. Pöggeler, Klett-Cotta, Stuttgart 1981, p. 300-317.

I. Guanzini, *Il giovane Hegel e Paolo*, Vita e Pensiero, Milano 2013.
- *Paolo, Hegel e Lacan: fuori-legge?*, « Aisthema », 1 (2015), p. 155-204.

W. Hamacher, *Pleroma*, in G.W.F. Hegel, *Der Geist des Christentums. Schriften 1796-1800*, Ullstein, Frankfurt a.M.-Berlin-Wien 1978.

J.G. Hamann, *Briefwechsel*, éd. W. Ziesemer et A. Henkel, 7 tomes (tomes 4-7 éd. A. Henkel), Insel, Frankfurt a.M. 1955-1979, vol. 1.

H.S. Harris, *Le développement de Hegel. II Pensées nocturnes. Iéna 1801-1806* (1983), trad. fr. Centre d'études hégéliennes et dialectiques de Neuchâtel, éd. Ph. Muller et E. Vial, L'âge d'homme, Lausanne 1988.
- *Hegel's Phenomenology of Religion,* in *Thought and Faith in the Philosophy of Hegel,* éd. J. Walker, Dordrecht, Kluwer 1991, pp. 88-95.
- *Hegel's Ladder*, 2 tomes, Hackett Publishing, Indianapolis-Cambridge 1997.

R. Heede, *Die göttliche Idee und ihre Erscheinung in der Religion,* Université de Münster, 1972, thèse de doctorat.

E. Heintel, *Der Begriff des Menschen und der spekulative Satz,* « Hegel-Studien », 1 (1961), p. 201-227.

D. Henrich, *Hölderlin über Urteil und Sein. Eine Studie zur Entstehungsgeschichte des Idealismus*, « Hölderlin-Jahrbuch », 1965-1966, p. 73-96.

J. G. Herder, *Vom Geist der ebräischen Poesie*, 2 tomes, Perthes, Gotha 1890.

A. Hetzel, *Gnade und Gesetz. Paulinische Motiven in Hegels Geist-Begriff*, « Hegel-Jahrbuch », 2011, p. 174–178.

E. Hirsch, *Die Beziehung der Romantiker in Hegels* Phänomenologie. *Ein Kommentar zu dem Abschnitte über die Moralität*, in *Materialien zu Hegels Phänomenologie des Geistes*, éd. H.-F. Fulda et D. Henrich, Suhrkamp, Frankfurt a.M. 1979, p. 245-275.

P.C. Hodgson, *The Metamorphosis of Judaism in Hegel's Philosophy of Religion*, « The Owl of Minerva », 19 1 (1987), p. 40-52.
- *Logic, History and Alternative Paradigms in Hegel's Interpretation of Religion*, « The Journal of Religion », 69 (1988), p. 1-20.
- *Hegel and Christian Theology*, Oxford University Press, Oxford-New York 2005.

F. Hölderlin, *Sämtliche Werke*, éd. F. Beißner, 8 tomes, II, Kohlhammer, Stuttgart 1951.

A.-A. Houcine, *Temps et langage dans la philosophie de Hegel*, L'Harmattan, Paris 2009.

J. Hyppolite, *Logique et existence* (1953), Presses Universitaires de France, Paris 1961.

F. Ishikawa, *Kants Denken von einem Dritten*, Peter Lang, Frankfurt a.M.-Bern-New York-Paris 1990.

F.H. Jacobi, *Jacobi an Fichte*, Friedrich Perthes, Hamburg 1799.

W. Jaeschke, *Die Vernunft in der Religion. Studien zur Grundlegung der Religionsphilosophie Hegels*, Frommann-Holzboog, Stuttgart-Bad Cannstatt 1986.
- *Hegels Religionsphilosophie als Explikation der Idee des Christentums*, « Philosophisches Jahrbuch », 2 (1988), p. 278-293.

D.P. Jamros, *Wechsel-Stil*, « The Owl of Minerva », 42 (2010), p. 219-223.

W. Jasper, *Hegel und die jüdische Intelligenz – Anmerkungen zur Problematik einer philosophischen Beziehungs- und Begriffsgeschichte*, in *Eduard Gans, politischer Professor zwischen Restauration und Vormärz*, éd. R. Blänkner, G. Göhler et N. Waszek, Leipzig 2002, p. 57-69.

H. Jonas, *Philosophische Meditationen über Paulus, Römerbrief, Kapitel 7*, in *Zeit und Geschichte. Dankesgabe an Rudolf Bultmann zum 80. Geburtstag*, éd E. Dinkler, Mohr, Tübingen 1964, p. 557-570.

I. Kant, *Kant's Gesammelte Schriften*, éd. Königliche Preußische (puis Deutsche) Akademie der Wissenschaften, Reimer et De Gruyter (= *AA*).
- *CdFJ* = *Critique de la faculté de juger*, trad. fr. A. Philonenko, Vrin, Paris 1982. Comme d'habitude, on a reporté la numération de page de l'édition originale (= *KdU*) après la lettre B (deuxième édition, 1792/1793).
- *CRP* = *Critique de la raison pure*, trad. fr. A. Renaut (1997), Flammarion, Paris 2006. Comme d'habitude, on a reporté la numération de page de l'édition originale (= *KdV*) après la lettre A (version de 1781) ou B (version de 1787).

K. Kertelge, éd., *Das Gesetz im neuen Testament*, Herder, Freiburg 1986.

J.F. Kervégan, *Le problème de la fondation de l'éthique : Kant, Hegel*, « Revue de Métaphysique et de Morale », 95 (1990), p. 33-55.

D. Köhler, *Hegels Gewissendialektik*, « Hegel-Studien », 28 (1993), p. 127-141.

P. Kobau, *Il questo hegeliano. Trucchi e fatti storici*, « Aut-Aut », 1 (1990), p. 85-101.

M. Kodalle, *Verzeihung denken*, Fink, München 2013.

A. Kojève, *Introduction à la lecture de Hegel* (1947), Gallimard, Paris 2005.

A. Koyré, *Hegel à Jena*, « Revue d'histoire et de philosophie religieuses », 15 (1935), p. 420-458.

J.L. Kugel, *The Idea of Biblical Poetry. Parallelism and its History*, John Hopkins University Press, Baltimore-London 1981.

B. Küster, *Transzendentale Einbildungskraft und ästhetische Phantasie*, Forum Academicum, Königstein 1979.

P.J. Labarrière, *Structures et mouvement dialectique dans la* Phénoménologie de l'esprit *de Hegel*, Aubier, Paris 1968.

K. Lambros, *Geist und* caput mortuum. *Hegels Kritik der Lehre Galls in der* Phänomenologie des Geistes, Königshausen & Neumann, Würzburg 1998.

C.F. Lau, *Hegels Urteilskritik*, Fink, München 2004.

E. Lévinas, *Le nom de Dieu d'après quelques textes talmudiques*, in *L'analisi del linguaggio teologico*, éd. E. Castelli, Istituto di Studi Filosofici, Roma 1969.

B. Liebeschutz, *Das Judentum im deutschen Geschichtsbild von Hegel bis Max Weber*, Mohr (Siebeck), Tübingen 1967.
- *Das Judentum in der Geschichtsphilosophie des frühen Hegel*, « Hegel-Jahrbuch », 1968-1969, p. 323-331.

M. Limbeck, *Das Gesetz im Alten und Neuen Testament*, Wissenschaftliche Buchgesellschaft, Darmstadt 1997.

K. Löwith, *Hegels Aufhebung der christlichen Religion*, in *Einsichten. Gerhard Krüger zum 60. Geburtstag*, éd. K. Oehler et R. Schaeffler, Frankfurt a.M. 1962, p. 156-203.
- *Hegel und die Sprache*, « Neue Rundschau », 76 (1965), p. 278-298.

R. Lowth, *De sacra poesi hebraeorum*, Clarendon Press, Oxford 1753.

M. Luther, *D. Martins Luthers Werke: kritische Gesamtausgabe* (Weimarer Ausgabe), Weimar 1882-1929, tomes 4, 17 II, 39 II et 48.

B. Mabille, *Hegel. L'épreuve de la contingence* (1999), Hermann, Paris 2013.

A. Maffi, *La confessione giudiziaria nel diritto greco*, in *L'aveu. Antiquité et Moyen Âge*, éd. J.-C. Maire Vigueur, Publications de l'Ecole française de Rome, Roma 1986, p. 7-26.

S. Marchand, *German Orientalism*, Cambridge University Press, Cambridge 2009.

O. Marquard, *Hegel und das Sollen*, « Philosophisches Jahrbuch », 72 (1964), p. 103-119.

W. Marx, *Absolute Reflexion und Sprache*, Klostermann, Frankfurt a.M. 1967.

D. Meyfeld, *Das judische Prinzip der Entgegensetzung. Antisemitismus und Kantkritik in Hegels Geist des Chirstentums*, « Hegel-Jahrbuch », 2006, p. 40-45.

G. Moltke, *Moral and Literary Ideals in Hegel's Critique of the Moral World View*, in *The Phenomology of Spirit Reader*, éd. J. Stewart, SUNY Press, Albany 1998, p. 307-333.

R. Morani, *Riflessione e intelletto come* pharmakon, in *Sostanza e soggetto. Studi sulla* Prefazione *alla* Fenomenologia dello spirito *di Hegel*, éd.G. Garelli et M. Pagano, Pendragon, Bologna 2016, p. 31-56.

S. Mowinckel, *Zum Problem der hebräischen Metrik*, in *Festschrift A. Bertholet*, éd. W. Baumgartner, Mohr-Siebeck, Tübingen 1950, p. 379-394.
- *The name of the God of Moses*, « Hebrew Union College Annual », 32 (1961), p. 121-133.

Ph. A. Nemnich, *Comptoir Lexicon in neuen Sprachen für Handelsleute, Rechtsgelehrte und sonstige Geschäftsmänner*, Reynolds, Hamburg 1803.

A. Nuzzo, *The Truth of* absolutes Wissen, in *Hegel's Phenomenology of Spirit*, éd. A. Denker, Humanities Press, Amherst-New York 2003, p. 265-294.

M. Pagano, *Hegel. La religione e l'ermeneutica del concetto*, ESI, Napoli 1992.

B. Papasoglou, *Juger – ne pas juger. Au risque de la contradiction*, in *Studi del terzo convegno RBS. International Studies on Biblical and Semitic Rhetoric*, éd. R. Meynet et J. Oniszczuk, Gregorian & Biblical Press, Roma 2013, p. 169-186.

A. Peperzak, *Le jeune Hegel ou la vision morale du monde*, Nijhoff, The Hague 1969.

O. Pöggeler, *Hegel's Interpretation of Judaism*, « Human Context », 6 (1974), p. 523-560.

S. Prickett, *Words and the Word: Languages, Poetics and Biblical Interpretations*, Cambridge University Press, Cambridge-New York 1988.

J. Ringleben, *Hegels neue Philosophie des Lebens – von der Bibel aus*, in *Die Zukunft des Schriftprinzips*, éd. R. Ziegert, Deutsche Bibelgesellschaft, Stuttgart 1994, p. 75-92.
- *Gott im Wort*, Mohr-Siebeck, Tübingen 2010.

J. Robinson, *Duty and Hypocrisy in Hegel's* Phenomenology of Mind. *An Essay in the Real and Ideal*, University of Toronto Press, Toronto and Buffalo 1977.

K. Rosenkrantz, *Vie de Hegel* (1844), tr. fr. P. Osmo, Gallimard, Paris 2004.

N. Rotenstreich, *Hegel's Image of Judaism*, « Jewish Social Studies », 15 (1953), p. 33-52.

F. Salvetti, *Judaïsme et christianisme chez Kant. Du respect de la loi à son accomplissement dans l'amour*, Les Editions du Cerf, Paris 2014.

J. Schmidt, *"Geist", "Religion" und "absolutes Wissen". Ein Kommentar zu den drei gleichnamigen Kapiteln aus Hegels* Phänomenologie des Geistes, Kohlhammer, Stuttgart-Berlin-Köln 1997.

T.M. Schimdt, éd., *Der Frankfurter Hegel im Kontext*, Klostermann, Stuttgart 2015.

J. Simon, *Das Problem der Sprache bei Hegel*, Kohlhammer, Stuttgart 1967.

R. Smend et U. Luz, *Gesetz*, Kohlhammer, Stuttgart-Berlin-Köln-Mainz 1981.

A. Stanguennec, *Hegel critique de Kant*, Presses universitaires de France, Paris 1985.
- *Etudes post-kantiennes,* L'âge d'homme, Lausanne 1987.

L. Stepelevich, *Hegel and Judaism*, « Judaism », 24 (1975), p. 215-224.

J.P. Surber, *Hegel's Philosophy of Language: the Unwritten Volume*, in *A Companion to Hegel*, éd. S. Houlgate et M. Baur, Wiley-Blackwell, New York 2011.
- *The Problems of Language in German Idealism. An Historical and Conceptual Overview*, in *Phenomenology on Kant, German Idealism, Hermeneutics and Logic*, éd. O.K. Wiegand, R.J. Dostal, L. Embree, J. Kockelmans et J.N. Mohanty, Kluwer, Dordrecht 2000, p. 305-336.
- *Hegel's Speculative Sentence*, « Hegel-Studien », 10 (1975), p. 211-230.

P. Szondi, *Essai sur le tragique* (1961), trad. fr. J.-L. Besson, M. Gondicas, P. Judet de la Combe et J. Jourdheuil, Circé, Belval 2003.

X. Tilliette, *La Christologie idéaliste*, Desclée, Paris 1986.

H. Timm, *Fallhöhe des Geistes. Das religiöse Denken des jungen Hegel*, Syndikat, Frankfurt a.M. 1979.

D. Thouard, *Hamann und der Streit um die Poesie der Hebräer*, in *Achtes internationales Hamann-Kolloquium an der Universität Halle-Wittenberg. Die Gegenwärtigkeit J.G. Hamanns*, éd. B. Gajek, Peter Lang, Frankfurt a.M.-Bern 2005, p. 321-334.

P. Valenza, *Linguaggio e riconciliazione. Sulla conclusione del capitolo sulla moralità della "Fenomenologia dello spirito"*, « Il cannocchiale », 3 (2007), p. 195-218.

M. Vetö, Ph. Soual, éd., *L'idéalisme allemand et la religion*, L'Harmattan, Paris 2008.

J.-L. Vieillard-Baron, *L'édification d'une philosophie de la religion dans la* Phénoménologie de l'esprit *de Hegel*, « Hegel-Jahrbuch », 2001, p. 239-247.
- éd., *Hegel et la vie*, Vrin, Paris 2004.

J. Von Lüpke, *Sprachgebrauch und Norm*, in *Anmut und Sprachgewalt, Zur Zukunft der Lutherbibel*, éd. C. Dahlgrün et J. Haustein, Deutsche Bibelgesellschaft, Stuttgart 2013, p. 69-83.

D. Weidner, *Geist, Wort, Liebe. Das Johannesevangelium um 1800*, in *Das Buch der Bücher – gelesen*, éd. M. Steffen et A. Polaschegg, Peter Lang, Berlin 2006, p. 435-470.
- *Bibel und Literatur um 1800*, Fink, Frankfurt a.M. 2011.

K. Vieweg, *Religion und absolutes Wissen. Der Übergang von der Vorstellung in den Begriff*, in *Hegels Phänomenologie des Geistes: ein kooperativer Kommentar zu einem Schlüsselwerk der Moderne*, éd. K. Vieweg et W. Welsch, Suhrkamp, Frankfurt a.M. 2008, p. 581-600.

W. Wieland, *Hegels Dialektik der sinnlichen Gewissheit,* in *Materialien zu Hegels "Phänomenologie des Geistes"*, éd. F. Fulda et D. Henrich, Suhrkamp, Frankfurt a.M. 1973, p. 67-82.

G. Wohlfart, *Der spekulative Satz*, De Gruyter, Berlin-New York 1981.
- *Das unendliche Urteil. Zur Interpretation eines Kapitels aus Hegels "Wissenschaft der Logik"*, « Zeitschrift für philosophische Forschung », 39 (1985), p. 85-98.

LEXIQUES ET DICTIONNAIRES

Deutsches Wörterbuch (1854-), éd. J. Grimm et W. Grimm, Deutscher Taschenbuch Verlag, München 1984-.

Vocabulaire européen des philosophies, éd. B. Cassin, Seuil/Dictionnaires Le Robert, Paris 2004.

Theologisches Wörterbuch zum Alten Testament, éd. G. Kittel, 11 tomes, Kolhammer, Stuttgart 1975-.

Philosophie

aux éditions L'Harmattan

Dernières parutions

CITOYENNETÉ ET DÉMOCRATIE
Fleury Philippe
La citoyenneté, dans le monde gréco-romain, a de multiples sens, allant du cosmopolitisme (Diogène) aux lois d'Athènes (Socrate). La démocratie, née en Grèce, se métamorphosera jusqu'à s'imposer comme une évidence politique (Tocqueville). Mais depuis le XIXe siècle, ce modèle montre ses limites avec la globalisation. Elle se transforme sans cesse, avec la montée des populismes, le rejet des élites et des partis politiques. Soulignant de nouveaux enjeux contemporains, les nouvelles revendications citoyennes vont-elles bouleverser la démocratie actuelle ?
(Coll. Ouverture Philosophique, 13.00 euros, 112 p.)
ISBN : 978-2-343-12378-3, ISBN EBOOK : 978-2-14-004098-6

CONVERSION ET SPIRITUALITÉS DANS L'ANTIQUITÉ ET AU MOYEN ÂGE
Fattal Michel
Comment comprendre le phénomène particulier de la conversion au sein de différentes formes de spiritualités issues de milieux culturels et linguistiques variés ? Le présent ouvrage procède à une lecture philosophique et à une analyse précise de la notion de conversion dans la philosophie grecque païenne de Platon et de Plotin, dans certains textes fondateurs du judaïsme et du christianisme, chez le Pseudo-Macaire et chez Augustin d'Hippone, ainsi que dans la philosophie arabo-musulmane représentée par Al-Farâbî et Al-Ghazâlî.
(Coll. Ouverture Philosophique, 27.00 euros, 258 p.)
ISBN : 978-2-343-12582-4, ISBN EBOOK : 978-2-14-004303-1

PROBLÈME DE L'EXISTENCE
Kong Robert
Les guerres, les attentats, le terrorisme, la tuerie en séries, la prise du pouvoir par la force entraînant la désorganisation sociale, etc., sont des paradoxes qui affaiblissent l'existence humaine et son environnement. Ce livre est une philosophie de l'existence, un examen de conscience ou une expérience de l'absurde qui propose à l'homme du XXIe siècle le changement et une paix durable.
(Coll. Études africaines, 14.00 euros, 122 p.)
ISBN : 978-2-343-11756-0, ISBN EBOOK : 978-2-14-004136-5

RENÉ GIRARD, «COW-BOY TEXAN»
Au fil de ses exploits
Dubouchet Paul
L'esprit de René Girard, esprit de pionnier, d'aventurier, est celui d'un cow-boy qui ne se déplace jamais sans sa Bible sous le bras. À la Bible sont empruntés les plus beaux titres de ses livres. Cet ouvrage met en valeur les jalons d'un itinéraire qui reflète, du passé le plus lointain à l'actualité la plus récente, l'épopée tragique de l'espèce humaine. Sans jamais oublier la possibilité et l'espérance de son salut.
(Coll. Ouverture Philosophique, 18.50 euros, 176 p.)
ISBN : 978-2-343-12503-9, ISBN EBOOK : 978-2-14-004231-7

LA SATISFACTION DES ASPIRATIONS HUMAINES
Ce passage obligé vers la maturité dans la vie consacrée
Mwenge Ngoie Jean-Paul
La parcellisation de l'humain en une dimension immatérielle et matérielle a beaucoup d'impact dans la vie du sujet. Cette opposition entre les deux sphères constitue un véritable obstacle dans l'envol de l'homme vers la pleine réalisation, plombant carrément son élévation vers l'accomplissement plénier. Vu son impact dans ce processus, le vocable de maturité nous a permis de bien appréhender que devenir mature dans la vie consacrée repose sur la réponse aux besoins et aux aspirations humaines.
(20.00 euros, 194 p.)
ISBN : 978-2-343-12375-2, ISBN EBOOK : 978-2-14-004344-4

LE SENS DE LA VIE
De la monstruosité à la déité
Andrieu Gilbert
Chaque fois que nous voulons étudier la vie ou la mort, nous oublions que l'homme qui les étudie est aussi l'objet de ses études. Parce que nous voulons être responsables de tout, ne sommes-nous pas enclins à vouloir donner un sens à la vie ? L'Homme peut-il changer des comportements jugés monstrueux par des comportements vertueux ou divins ? Tout changement voulu peut-il dépasser le paraître et se répercuter sur le plan de l'être ?
(27.50 euros, 276 p.)
ISBN : 978-2-343-12351-6, ISBN EBOOK : 978-2-14-004088-7

VIOLENCE, CONSCIENCE, NON-VIOLENCE
Lorsqu'il se libère de la violence, l'être humain peut prendre son envol (nouvelle édition mise à jour)
Moal Philippe - Préface de Federico Mayor Zaragoza
L'auteur témoigne et analyse les *a priori* et les croyances qui permettent de justifier et légitimer la violence. L'intervention de la conscience permet d'aller à la racine de sa propre violence, engage à résister à ses différentes formes d'expression dans la société et incite à faire le choix de la non-violence qui est la générosité du cœur. La non-violence, c'est l'espoir, la non-violence, c'est la vie !
(18.00 euros, 182 p.)
ISBN : 978-2-343-12486-5, ISBN EBOOK : 978-2-14-004163-1

L'AMBIVALENCE DE LA MODERNITÉ
Habermas vis-à-vis de Derrida
Nabwani Khaldoun
Cet ouvrage revient sur la querelle philosophique autour de la question de la modernité qui a été animée dans les années 1980. À cette époque, certains penseurs allemands se sont mis à critiquer la pensée française d'après 68 en la qualifiant de postmoderniste. Jürgen Habermas critiqua sévèrement la déconstruction derridienne et les disciples de Derrida aux États-Unis. Critiques auxquelles ce dernier répondit sans jamais consacrer une contre-critique directe à Habermas (comme s'il n'accordait pas beaucoup d'attention aux attaques du philosophe allemand).
(Coll. Ouverture Philosophique, 30.00 euros, 296 p.)
ISBN : 978-2-343-12246-5, ISBN EBOOK : 978-2-14-003910-2

CE QUI PASSE
Pour une théologie plurielle
Maalouf Jihad
Quelque chose qui passe dans ce qui se passe… Un passant, malgré les impasses, s'en rend compte… Le passant devient passeur, parfois malgré lui, et laisse passer ce qui passe en et à travers lui… Vigilant et zélé, le passeur se dépasse dans ce qui se passe… On ne cesse d'entendre ce chuchotement, ce tressaillement intérieur, parfois tel un cri, à travers la passe des chapitres. Ceux-ci essayent de témoigner diversement d'une expérience spirituelle personnelle. L'ouvrage développe une théologie plurielle du passage. Une phénoménologie de la vigilance et du zèle s'en dégage au fur et à mesure de ce qui se passe.
(Coll. Théologie Plurielle, 14.00 euros, 122 p.)
ISBN : 978-2-343-12134-5, ISBN EBOOK : 978-2-14-003911-9

COMMENTAIRE DE *L'EUTHYPHRON* DE PLATON
Samb Djibril
Aux États-Unis, *L'Euthyphron* est un dialogue très prisé au point de servir d'introduction à des enseignements de logique. Ce morceau «logique» revêt également une dimension «théologique», dans la mesure où une tendance significative du commentarisme voit dans le dilemme l'expression d'un débat théologique général : le Bien est-il le Bien parce que Dieu le commande ou bien Dieu commande-t-il le Bien parce qu'il est le Bien ? Le but de ce travail est de combler le retard de la France par rapport au monde anglo-saxon dans le commentarisme de *L'Euthyphron*.
(Coll. Ouverture Philosophique, 46.00 euros, 462 p.)
ISBN : 978-2-343-11895-6, ISBN EBOOK : 978-2-14-004000-9

DELEUZE ET LE TEMPS
Bellos Stavroula
Face à la dispersion de la pensée, à cause et grâce aux nouvelles technologies, la puissance du temps de la pensée de Gilles Deleuze manifeste son actualité. Les objets virtuels des nouvelles technologies, par exemple, mais aussi l'ensemble des nouvelles technologies du numérique, nous forcent à repenser les notions

de mouvement, d'espace et de temps. Gilles Deleuze a donc conceptualisé une philosophie qui actualise la virtualité de la pensée.
(Coll. Philosophies-Artistes, 12.00 euros, 86 p.)
ISBN : 978-2-343-12033-1, ISBN EBOOK : 978-2-14-004049-8

LE DUALISME ANTIRÉALISTE ET SEMI-EMPIRIQUE DE BERNARD VIDAL
De l'*apeiron* d'Anaximandre aux maîtres de la quantique et à l'empirisme de van Fraassen
Kaltcharel Fallander
Bernard Vidal axiomatise l'Être, l'Indéterminé, en deux hypostases, métaphore athée du monothéisme trinitaire. Elles s'imprègnent, donnant le réel, dont l'esprit qui détermine l'Être en divers. Esprit et matière se forment l'un l'autre. Il n'y a donc pas d'en soi, pas de rationnel absolu, pas d'unicité du modèle en recherche : au terme de sa quête l'esprit se retrouve lui-même.
(Coll. Ouverture Philosophique, 28.00 euros, 284 p.)
ISBN : 978-2-343-12048-5, ISBN EBOOK : 978-2-14-003897-6

L'EMPIRE DU MÊME
Après la diversité
Rouget Patrice
Le processus industriel, qui introduit dans le monde naturel des choses d'un genre nouveau, les exemplaires, parfaitement identiques et interchangeables, est le signe et l'instrument d'une reconfiguration radicale de la nature, qui tend à la soumettre au principe du Même. Ainsi, l'évolution naturelle, comme source de nouveauté imprévisible, se trouve progressivement remplacée par l'innovation comme mode de devenir contrôlé.
(Coll. Ouverture Philosophique, 16.50 euros, 154 p.)
ISBN : 978-2-343-12174-1, ISBN EBOOK : 978-2-14-003948-5

EN MÉMOIRE DE GILBERT SIMONDON
Philosophe et psychologue français (1924-1989)
Jalley Emile
Gilbert Simondon (1924-1989) est un philosophe français qui appartient à la dernière génération, à l'articulation des années 1960, de ceux encore attachés au paradigme d'une démarche d'allure dialectique en philosophie (Bachelard, Merleau-Ponty, Sartre). L'ouvrage examine ici de ce point de vue les trois derniers titres parus de G. Simondon : *Sur la technique* (2014), *Sur la psychologie* (2015), *Sur la philosophie* (2016), avant de faire la revue des 17 ouvrages parus sur la pensée de G. Simondon entre 1993 et 2016.
(28.00 euros, 270 p.)
ISBN : 978-2-343-12222-9, ISBN EBOOK : 978-2-14-003891-4

L'HARMATTAN ITALIA
Via Degli Artisti 15; 10124 Torino
harmattan.italia@gmail.com

L'HARMATTAN HONGRIE
Könyvesbolt ; Kossuth L. u. 14-16
1053 Budapest

L'HARMATTAN KINSHASA
185, avenue Nyangwe
Commune de Lingwala
Kinshasa, R.D. Congo
(00243) 998697603 ou (00243) 999229662

L'HARMATTAN CONGO
67, av. E. P. Lumumba
Bât. – Congo Pharmacie (Bib. Nat.)
BP2874 Brazzaville
harmattan.congo@yahoo.fr

L'HARMATTAN GUINÉE
Almamya Rue KA 028, en face
du restaurant Le Cèdre
OKB agency BP 3470 Conakry
(00224) 657 20 85 08 / 664 28 91 96
harmattanguinee@yahoo.fr

L'HARMATTAN MALI
Rue 73, Porte 536, Niamakoro,
Cité Unicef, Bamako
Tél. 00 (223) 20205724 / +(223) 76378082
poudiougopaul@yahoo.fr
pp.harmattan@gmail.com

L'HARMATTAN CAMEROUN
TSINGA/FECAFOOT
BP 11486 Yaoundé
699198028/675441949
harmattancam@yahoo.com

L'HARMATTAN CÔTE D'IVOIRE
Résidence Karl / cité des arts
Abidjan-Cocody 03 BP 1588 Abidjan 03
(00225) 05 77 87 31
etien_nda@yahoo.fr

L'HARMATTAN BURKINA
Penou Achille Some
Ouagadougou
(+226) 70 26 88 27

L'HARMATTAN SÉNÉGAL
10 VDN en face Mermoz, après le pont de Fann
BP 45034 Dakar Fann
33 825 98 58 / 33 860 9858
senharmattan@gmail.com / senlibraire@gmail.com
www.harmattansenegal.com